ULTRA-**INTERVALLISCHE** **GITARREN**-LICKS

50 intervallische Licks, die deine Rockgitarrensolotechnik transformieren werden

JENNIFER**BATTEN**

FUNDAMENTAL**CHANGES**

Jennifer Battens ultra-intervallische Gitarren-Licks

50 intervallische Licks, die deine Rockgitarrensolotechnik transformieren werden

ISBN: 978-1-78933-364-0

Veröffentlicht von **www.fundamental-changes.com**

Herausgegeben von Joseph Alexander & Tim Pettingale

Übersetzt von Daniel Friedrich für translatebooks.com

www.fundamental-changes.com

Inhalt

Über die Autorin

Die Begeisterung für Jennifer Batten fand lange Zeit im Underground statt, als Gitarrenmagazine begannen, über ihre versierte Musikalität und ihren höchst originellen Umgang mit der E-Gitarre zu berichten.

Ein wichtiger Wendepunkt kam, als sie aus über hundert Gitarristen ausgewählt wurde, um in Michael Jacksons hochqualifizierter Band zu spielen, die eineinhalb Jahre lang durch die Welt tourte und vor über viereinhalb Millionen Menschen spielte. Im Jahr 2012 veröffentlichte Sony als Teil des 25-jährigen BAD-Jubiläums-Pakets eine DVD von der mitreißenden Live-Show im Wembley-Stadion.

Nach dem großen Finale der Bad Tour machte sich Jennifer prompt an die Arbeit an ihrem Debütalbum mit dem renommierten Produzenten (und Ex-Stevie Wonder Gitarristen) Michael Sembello. Nach der Veröffentlichung von *Above, Below and Beyond* im Frühjahr 1992 wurde sie erneut gebeten, Michael Jackson bei seiner bevorstehenden Dangerous Tour zu begleiten.

Im Januar ‚93 nahm sie zusammen mit Jackson an der Halbzeit-Show des Superbowl XXVII teil, die von anderthalb Milliarden Menschen in 80 Ländern gesehen wurde. Das war die größte Zuschauerzahl in der Geschichte des Fernsehens.

Ihre Nachfolge-CD *Momentum,* die stark von Weltmusik beeinflusst war, wurde im Jahr 1997 veröffentlicht, kurz bevor sie aufbrach, um Michael Jackson bei seiner letzten Welttournee, der HIStory Tour, zu begleiten.

Im Frühjahr ‚98 bat Jeff Beck Jennifer, seiner Band beizutreten. Sie arbeiteten drei Jahre lang gemeinsam an den CDs *Who Else* und *You Had It Coming*, die beide von Welttourneen begleitet wurden. Von dieser Zusammenarbeit gibt es eine DVD mit dem Titel *Jeff Beck Live in Tokyo 1999.*

Jennifer hat zwei Musikbücher verfasst und drei Solo-CDs veröffentlicht, die von World Beat über Rock ‚n‘ Roll bis hin zu Electronica reichen. Ihre CD „*Whatever*" wird von einer 90-minütigen DVD begleitet, die neben Videomaterial zu ihrer One-Woman-Multimedia-Show, in der sie Gitarre synchron zu selbst geschaffenen Filmprojektionen spielt, unveröffentlichte Musikvideos und eine Gitarrenstunde enthält.

Im Jahr 2011 war sie als Gitarristin für die Cirque Du Soleil-Show *Zumanity* in Las Vegas tätig und hat sich kürzlich mit **truefire.com** zusammengetan, um Lehrvideos aufzunehmen.

Im August 2016 trat sie zusammen mit Jeff Beck im Hollywood Bowl bei einem speziellen „50 Years of Jeff Beck"-Konzert auf. Im selben Jahr erhielt sie den „She Rocks Icon Award" und wurde kürzlich in die „Gallery of the Greats" des Guitar Player Magazine aufgenommen.

Jennifer tourt weiterhin in verschiedenen musikalischen Formaten um den Globus, von Bands über Soloshows bis hin zu Lehrgängen und Masterclasses.

Für weitere Informationen besuche **www.jenniferbatten.com**

Hol dir das Video

Verbessere deine Lernerfahrung!

Vielen Dank, dass du dieses Buch gekauft hast. Um deine Lernerfahrung auf das nächste Level zu bringen, freuen wir uns, den Lesern einen vergünstigten Zugang zu dem Videokurs anbieten zu können, auf dem das Buch basiert.

Der Videokurs *Jennifer Batten's 50 Ultra Intervallic Guitar Licks You Must Know* enthält 52 multiperspektivische Videolektionen mit Jennifer. Der Kurs ist eine umfassende Studie von Jennifers intervallischen Ansätzen. Arbeite dich durch den Kurs und du wirst ein beeindruckendes Vokabular an umwerfenden intervallischen Licks besitzen, die du jederzeit über das gesamte Griffbrett spielen kannst, um deine Soli und Improvisationen aufzupeppen.

Noch wichtiger ist, dass du ein solides Knowhow für die Gestaltung deiner eigenen intervallischen Linien in jeder harmonischen Situation erwirbst. Außerdem wirst du deine Technik für die rechte und linke Hand erheblich verbessern.

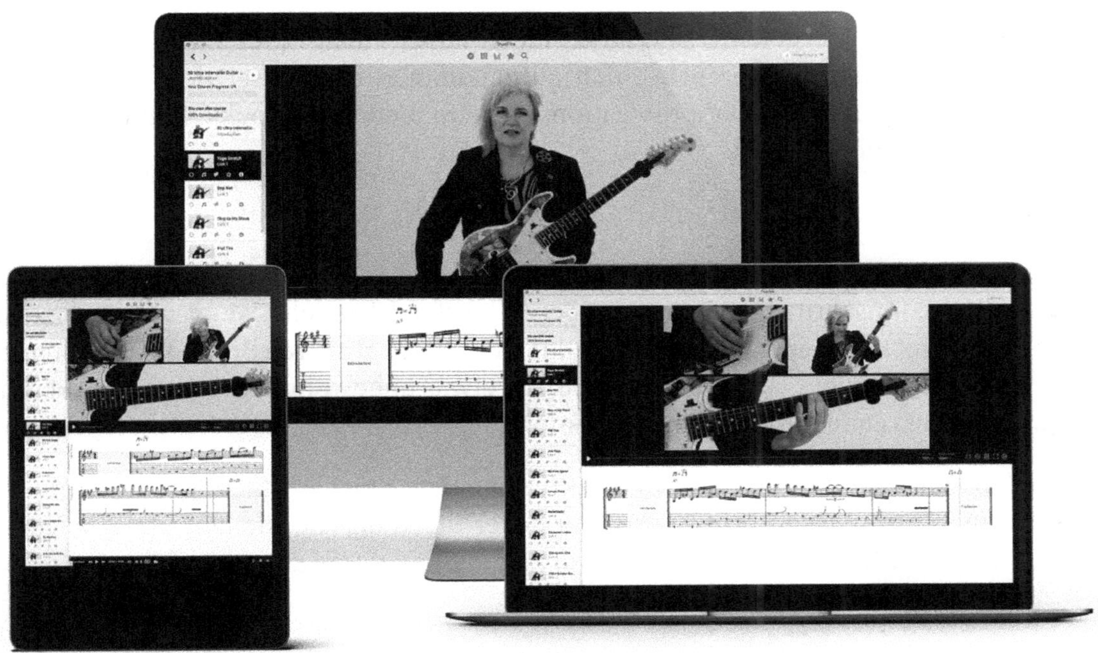

Um das gesamte Lernangebot zu nutzen, besuche **https://truefire.com/fundamental** und verwende den Code: BATTENUP, um dich für ein kostenloses Konto anzumelden, oder scanne den QR-Code unten:

Sobald dein Konto erstellt ist, senden wir dir einen Code, mit dem du den Videokurs zu einem Sonderpreis erwerben kannst, der nur für diejenigen gilt, die das Buch gekauft haben.

Einführung

Im Jahr 1947 veröffentlichte der russische Musikwissenschaftler Nicolas Slonimsky ein Werk mit dem Titel *Thesaurus of Scales and Melodic Patterns*. Es war eine umfassende Studie über intervallische, melodische Muster, die Komponisten einen endlosen Vorrat an neuen Ideen liefern sollte. Viele Musiker hielten das Material jedoch für zu schwer und unzugänglich, so dass es jahrelang weitgehend ignoriert wurde.

Bis John Coltrane, Freddie Hubbard, Allan Holdsworth, Frank Zappa, Paul Grabowsky und viele andere bedeutende Künstler das Buch in die Hand nahmen und feststellten, dass es eine Fülle von Informationen enthielt, die Gold wert waren. Jeder dieser Musiker hat Slonimskys Material als eine Quelle großer Inspiration bezeichnet, die ihnen höchst kreative Ideen für die Improvisation lieferte.

Das Jazzgitarrengenie Joe Diorio war einer derjenigen, die von Slonimskys Arbeit inspiriert wurden, und er schrieb darüber, wie er persönlich diese Ideen anwandte. Joe schaffte es, dieses schwierige Werk in mundgerechte Stücke zu zerlegen und das Material so aufzubereiten, dass Gitarristen es leicht verstehen und anwenden konnten. Später veröffentlichte er sein eigenes Buch *Intervallic Designs for Jazz Guitar*, das sich auf eine Vielzahl von intervallischen Designs für die Freestyle-Improvisation konzentriert.

Ich habe viele Jahre lang von Joe gelernt, und seine Ideen haben mein Spiel wirklich verändert. Ich habe Slonimskys und Joes intervallische Lehren in mich aufgenommen und diese Ideen schließlich in meinen eigenen Ansatz für das Solospiel und die Improvisation in einem modernen Rockkontext integriert. Ich werde diese Ideen in diesem Buch mit dir teilen.

Was ist ein Intervall?

Ein Intervall ist einfach eine Bezeichnung für den Abstand zwischen zwei Noten, egal ob es sich um einen Halbtonschritt, einen Ganztonschritt oder einen größeren Abstand handelt. Wenn ich in diesem Buch von „intervallischem Spiel“ spreche, meine ich damit im Allgemeinen die größeren Sprünge, wie Quarten, Quinten, Sexten, Septimen und Oktaven. Dies sind die Intervalle, die etwas ungewöhnlicher klingen und schwieriger zu spielen sind, da größere Intervalle Saitensprünge erfordern.

Intervallisches Spielen kann dir eine ganz neue Perspektive auf dein Spiel eröffnen. Sobald du dich auf die Idee einlässt, öffnet sich das Griffbrett und bringt eine Flut neuer Ideen hervor, die dein Spiel wieder interessant machen können. Eine intervallische Herangehensweise an die Skalen, die du gut zu kennen *glaubst,* kann die Dinge auffrischen.

Oft beschweren sich Schüler bei mir, dass sie immer die gleichen pentatonischen Patterns spielen und ausbrechen wollen, weil sie es leid sind, immer die gleichen Ideen zu verwenden. Normalerweise bringe ich sie an diesem Punkt dazu, einen Schritt zurückzutreten und sage ihnen: „Nun, lasst uns eine Weile bei der pentatonischen Skala bleiben und sehen, was wir *wirklich* damit machen können!“

Das Problem liegt nicht in der Tonleiter, sondern darin, wie sie angewendet wird. Wir müssen nicht auf Standard-Rock-Licks und Tonleiter-Läufe zurückgreifen - wir können Saiten überspringen, die reinen Quartintervalle verwenden, die in der pentatonischen Tonleiter natürlich vorkommen, Linien mit größeren Sprüngen unter Verwendung von Quinten oder Sexten kreieren und vieles mehr.

Die Verwendung intervallischer Muster ist eine großartige Möglichkeit, eine Tonleiter aufzubrechen und neue Klänge und Ideen einzubringen. Es wird dein Spiel auf den Kopf stellen und dir ermöglichen, auf ein ganz neues Niveau zu kommen. Hier stelle ich dir 50 meiner liebsten intervallischen Licks vor, um dir den Einstieg in diese Spielweise zu erleichtern, und zeige dir einige Ideen, die dir helfen werden, diesen Stil für dich zu entwickeln.

Wie man dieses Buch benutzt

Ich habe das Material hier in acht Abschnitte unterteilt, von denen jeder eine andere Tonalität erforscht:

- Im ersten Abschnitt arbeiten wir am mixolydischen Klang, der über Dominant-7-Akkorden verwendet wird
- Als nächstes sehen wir uns den äolischen Modus oder die natürliche Molltonleiter über einem Moll-Vamp an
- Wir werden uns auch den dorischen Modus ansehen, um eine andere Art von Moll-Klang zu erzeugen
- Dann erforschen wir den ionischen Modus (Durtonleiter), um einen Dur-Sound zu erzeugen.
- Als Nächstes werden wir einige intervallische Linien für die am bösesten klingende Tonalität, die Verminderte, durcharbeiten!
- Dann werden wir einige Möglichkeiten finden, die alte Bekannte, die Moll-Pentatonik, aufzufrischen
- Intervallische Linien können im Blues großartig funktionieren. Wir werden bereits an Dominantakkorden gearbeitet haben, also zeige ich dir in diesem Abschnitt einige großartige Blues-Turnaround-Linien, die du lernen kannst
- Zum Schluss werden wir mit ein paar alterierten Dominantakkordklängen verrückte Sachen unter Verwendung der Ganztonleiter anstellen. Das Merkwürdigste habe ich mir bis zum Schluss aufgehoben!

Zu Beginn eines jeden Abschnitts zeige ich dir einige Tonleitermuster zum Üben. Du wirst auch eine Reihe von kurzen Übungen durchspielen, die dich dazu bringen sollen, jede Tonleiter zu spielen und *intervallisch* zu denken.

Danach werden wir uns mit den Licks beschäftigen. Ich werde dir dabei die Idee hinter jedem Lick erklären, damit du beim Üben an deinen eigenen Ideen arbeiten kannst, und ich werde auf spezielle Techniken eingehen.

Lade dir unbedingt die kostenlosen Audiobeispiele herunter, die diesem Buch beiliegen und auf denen du mich jedes Lick mehrmals spielen hören kannst. Du kannst auch die Backing-Tracks, die ich verwendet habe, herunterladen, damit du die Licks selbst üben und natürlich über diese Vamps jammen kannst, um deine eigenen intervallischen Ideen auszuprobieren. Wie du die Audios bekommt, erfährst du auf der nächsten Seite.

Hol dir das Audio

Die Audiodateien zu diesem Buch kannst du kostenlos von **www.fundamental-changes.com** herunterladen. Der Link befindet sich in der oberen rechten Ecke. Klicke auf den Link „Gitarre“, wähle dann einfach diesen Buchtitel aus dem Dropdown-Menü aus und folge den Anweisungen, um die Audiodatei zu erhalten.

Wir empfehlen dir, die Dateien direkt auf deinen Computer (nicht auf dein Tablet) herunterzuladen und sie dort zu extrahieren, bevor du sie zu deiner Medienbibliothek hinzufügst. Du kannst sie dann auf dein Tablet oder deinen iPod laden oder auf CD brennen. Auf der Download-Seite findest du eine Anleitung und wir bieten auch technische Unterstützung über das Kontaktformular.

Tritt unserer kostenlosen Facebook-Gemeinschaft von coolen Musikern bei und stelle uns deine Fragen!

www.facebook.com/groups/fundamentalguitar

Kapitel Eins - Mixolydische Licks

Über die mixolydische Skala

Alle Licks in diesem Kapitel werden über einen A7-Akkord-Vamp gespielt und mit der mixolydischen Tonleiter in A erzeugt. A-Mixolydisch ist der fünfte Modus der übergeordneten D-Dur-Tonleiter. Es ist, als würde man eine D-Dur-Tonleiter spielen, nur dass sie auf der Note A beginnt und endet. Die mixolydische Tonleiter ist fast identisch mit der D-Dur-Tonleiter, außer dass die siebte Note um einen Halbtonschritt erniedrigt wurde, und diese verminderte Septime verleiht der Mixolydischen Tonleiter ihre einzigartige Farbe.

A-Mixolydisch enthält die Noten: A, B, C#, D, E, F#, G

Obwohl wir sie mit der D-Dur-Tonleiter in Verbindung bringen können, ist es viel besser, diese Tonleiter von ihrem Grundton A aus zu lernen und die mixolydische Tonleiter als einen bestimmten *Klang* zu verstehen, der seine eigene Identität und seinen eigenen Charakter hat. Auf diese Weise wirst du am Ende aussagekräftigere melodische Linien spielen, die mit dem Akkord verbunden sind, über den du spielst.

Unten siehst du die Skalenform mit ihrem Grundton auf der tiefen E-Saite. Spiele einen A7-Akkord, dann spiele diese Form auf- und absteigend, um den Klang der Intervalle gegen den Akkord in deinen Ohren zu verankern. Du wirst hören, dass die Skala perfekt zum A7-Akkord passt.

A Mixolydian

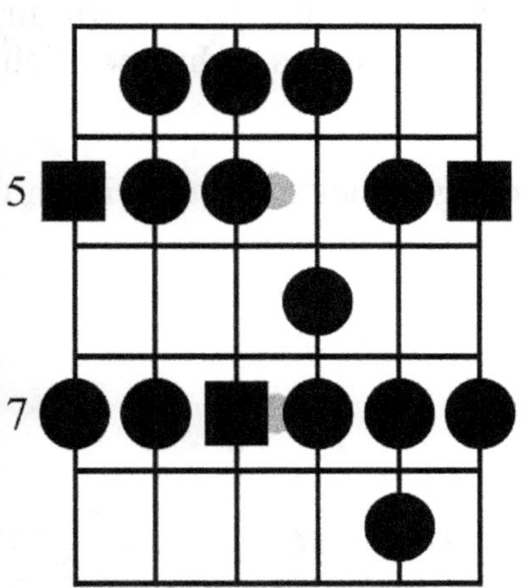

Du kannst diese Tonleiter mit dem CAGED-System durcharbeiten, um sie überall auf dem Hals zu spielen, aber ich werde hier nur eine weitere nützliche Position für dich abbilden, nämlich das Muster mit dem Grundton auf der A-Saite in der zwölften Position:

A Mixolydian

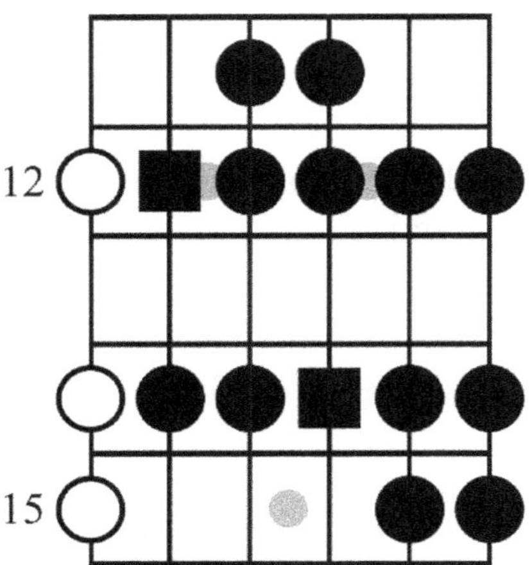

Im obigen Diagramm habe ich die verfügbaren Tonleiternoten auf der tiefen E-Saite eingefügt, um das Muster über alle Saiten hinweg zu vervollständigen, aber ich empfehle dir, die Tonleiter immer vom Grundton aus zu lernen und zu kennen. Das macht es einfacher, das Muster auf andere Tonarten zu übertragen.

Arbeite nun die folgenden Übungen durch, mit denen du diese Tonleiter in Intervallen spielst.

Wir beginnen damit, sie in Terz-Schritten zu spielen. Obwohl ich diesen Sound in meinem Spiel nicht oft verwende, sind Terzen für das Ohr weniger herausfordernd als die breiteren Intervalle und erleichtern dir den Einstieg in die Idee, die Tonleiter intervallisch zu spielen, anstatt sequentiell, wie du es wahrscheinlich gewohnt bist.

Diese Übungen helfen auch bei der Visualisierung des Griffbretts. Dein langfristiges Ziel sollte es sein, mit dem Layout und der „Geografie" der Intervalle auf dem Hals vertraut zu werden.

Beispiel 1a – A-Mixolydisch in Terzen, aufsteigend und absteigend

Beachte, dass bei einigen Intervallen der Fingersatz für das absteigende Muster ganz anders ist als für das aufsteigende Muster. Finde heraus, wie du sie auf eine ökonomische und für dich angenehme Weise spielen kannst.

Spiele nun A-Mixolydisch in Quart-Intervallen durch.

Beispiel 1b – A-Mixolydisch in Quarten

In der nächsten Übung wird die Tonleiter auf- und absteigend in Quinten organisiert.

Beispiel 1c – A-Mixolydisch in Quinten

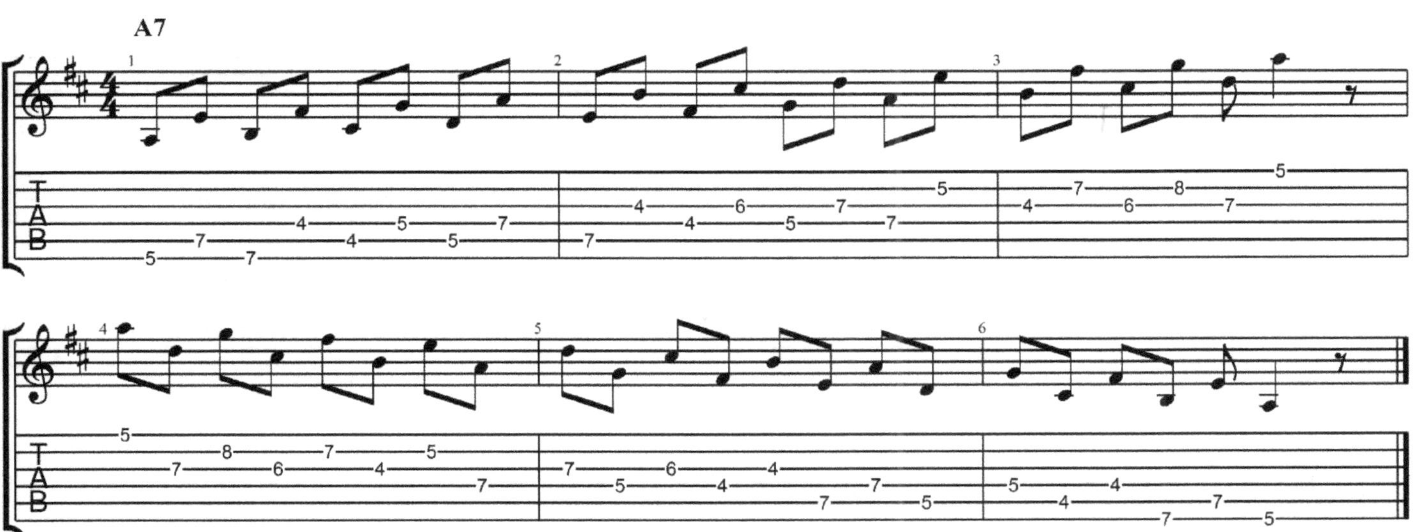

Wenn die Intervalle breiter werden, müssen wir einige Anpassungen vornehmen und über die Form der Tonleiter-Box hinausgehen, um unangenehme Fingersatzsprünge zu vermeiden. Hier ist die Tonleiter aufsteigend und absteigend in Sexten.

Beispiel 1d – A-Mixolydisch in Sexten

Zum Schluss spielen wir die Tonleiter in Septimen durch.

Beispiel 1e – A-Mixolydisch in Septimen

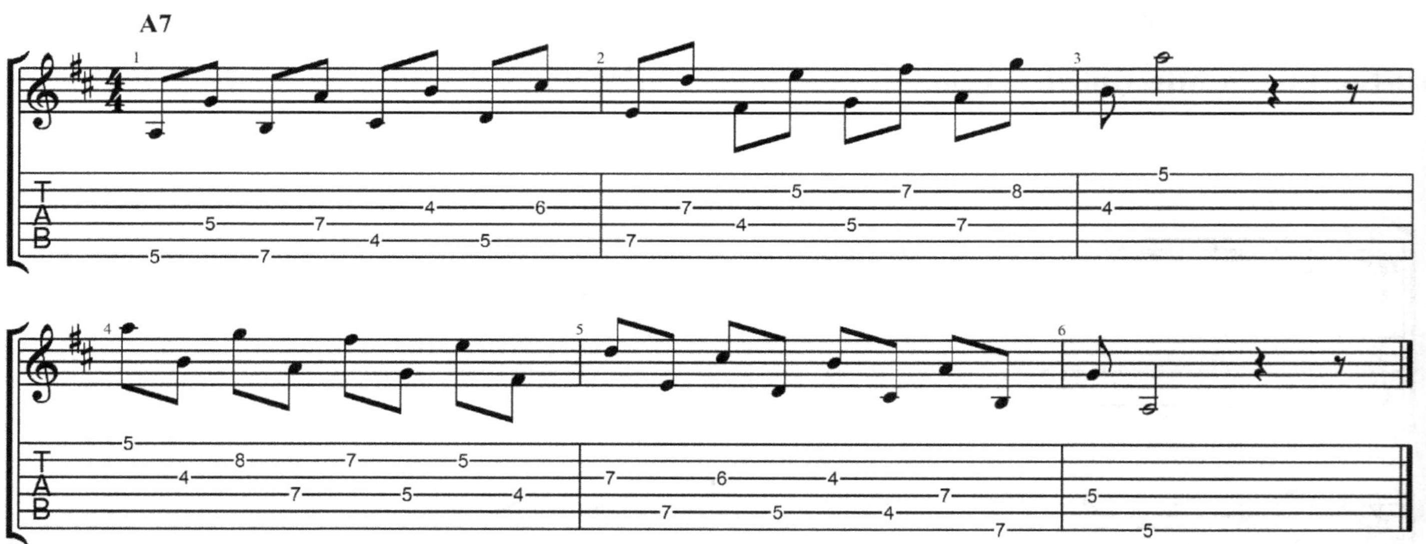

Arbeite während deiner Übungsstunden weiter mit diesen Mustern. Je mehr du sie übst, desto leichter wirst du in der Lage sein, jedes Intervall mit Leichtigkeit zu erkennen. Mit der Zeit wirst du in der Lage sein, ein Musikstück zu hören und zu denken: „Aha, das ist doch Linie in Quarten...“ oder Quinten oder Sexten!

Schauen wir uns nun die intervallischen Licks an, die ich für dich geschrieben habe.

Ich habe dieses erste Lick *Yoga Stretch* genannt, weil ich die Finger meiner Greifhand weiter dehne, als ich es normalerweise tun würde. Normalerweise halte ich mich an die Ein-Finger-pro-Bund-Methode, aber für dieses Lick war es sinnvoller, kurz aus diesem Muster auszubrechen und in eine Drei-Noten-pro-Saite-Form (3NPS) zu wechseln, um die Reihe reiner Quart-Intervalle aufzustellen.

Dieses Lick beginnt mit so genannten *Intervallclustern*, bei denen man mehrmals um dasselbe Intervall aufsteigt. In diesem Beispiel staple ich Quarten, was eine geräumige, weniger diatonisch klingende Farbe erzeugt.

Nach dem 3NPS-Muster spiele ich die Noten im fünften Bund mit dem ersten Finger, die Noten im neunten Bund mit dem vierten Finger und die Noten im siebten Bund mit dem zweiten Finger. Greife mit dem Finger in der jeweiligen Position einen Barré über die drei Saiten, die du spielen musst, und spiele einen Ab-Auf-Wechselschlag.

Das Lick endet mit einer absteigenden Sequenz, die die Sache mit einigen Halb- und Ganztonschritten aufpeppt und auf der Stufe b7 der Tonleiter endet, um den mixolydischen Geschmack zu betonen.

Beispiel 1f - *Yoga-Stretch*

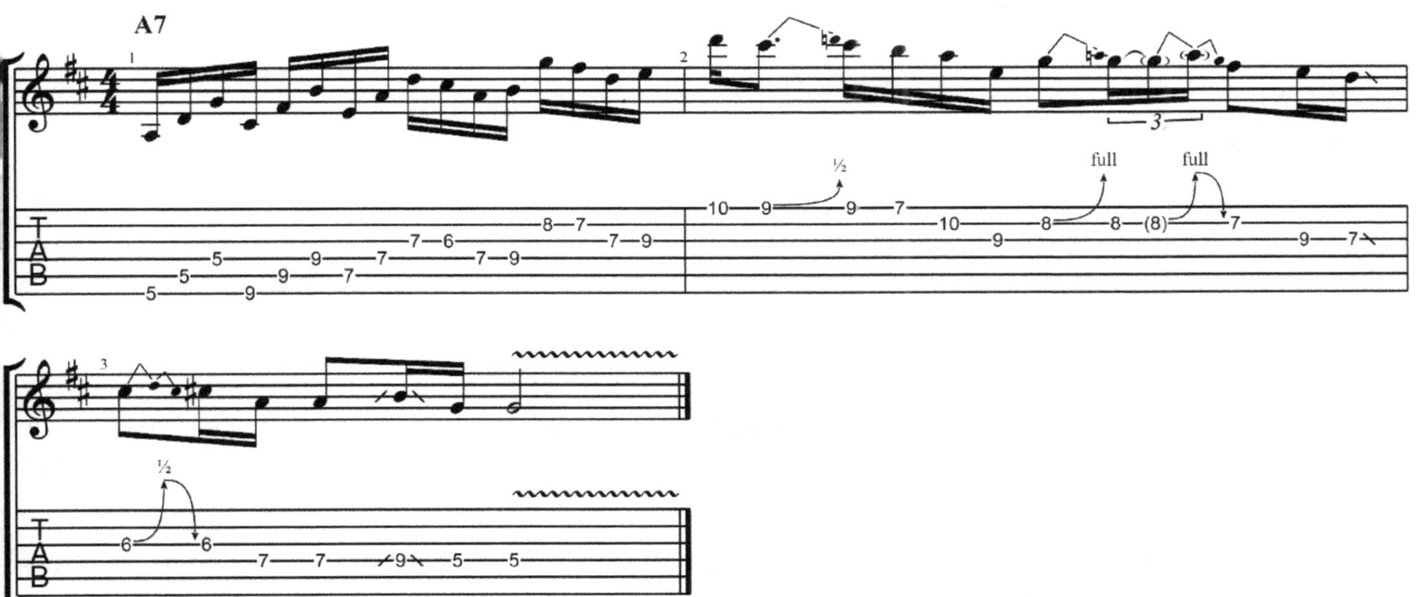

Das nächste Lick nenne ich *Bop Not*, weil es ein Element enthält, das der Bebop-Tradition des Jazz entlehnt ist. Es wird aber immer noch mit einer Rock ‚n‘ Roll-Attitüde gespielt und enthält einige bluesige Bends.

Ich beginne damit, die Form eines A7-Akkords zu skizzieren, und die ersten vier Noten im ersten Takt stammen aus einem A7-Arpeggio (in diesem Fall A, E, G, C#), was eine einfache Möglichkeit darstellt, die Harmonie gleich zu Beginn zu definieren.

Die nächsten vier Noten bilden eine Bebop-ähnliche Phrase. Eine der Schlüsselideen des Bebop-Jazz-Solospiels ist es, eine bestimmte Zielnote *(target note)* anzuvisieren und sich ihr chromatisch von unten oder oben zu nähern. Jazzmusiker nehmen sich bei dieser Idee viele Freiheiten, und es funktioniert immer, wenn die Zielnote ein Tonleiter-/Akkordton ist, der auf einen starken Beat fällt.

Hier ist die Zielnote das E auf der D-Saite im 14. Bund, das auf Schlag 3 fällt, und dieses chromatische Lick führt zu einer Schichtung von Quart-Intervallen.

Takt zwei enthält das bluesige Lick, das einen gewissen Kontrast zu dem kantigen Gefühl von Takt eins bietet Die Bends von kleiner zu großer Terz auf den Zählzeiten 2 und 4 sind eine großartige Möglichkeit, ein Blues-Feeling in deine mixolydischen Licks zu bringen.

Probiere es aus!

Beispiel 1g - *Bop Not*

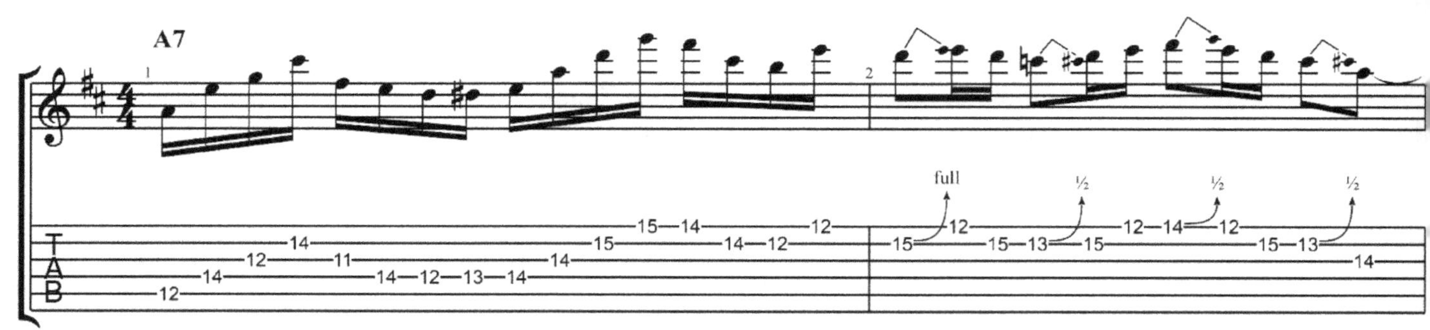

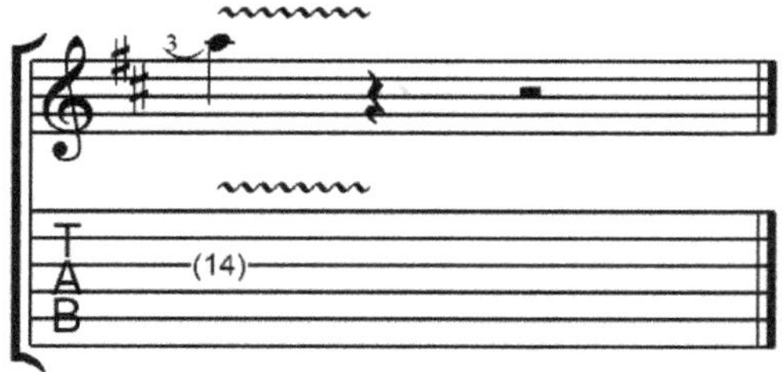

Die nächste Idee heißt *„Skip to my Steve“* (und nicht *„Skip to my Lou“*), weil ich beim Schreiben an den Spielstil von Steve Morse dachte, insbesondere an die Art und Weise, wie er chromatische Läufe in seinem Spiel verwendet.

Abgesehen von den chromatischen Durchgangsnoten verwendet dieses Lick die A-Dur-Pentatonik. Alle diese Noten finden sich auch in der mixolydischen Tonleiter in A, aber hier habe ich mich für ein einfacheres Muster entschieden. Wie du sehen wirst, breche ich das pentatonische Muster hier durch Saitensprünge auf, um die Tatsache zu verschleiern, dass ich eine einfache Tonleiter verwende.

Dein Ziel bei einem Skipping-Pattern wie diesem sollte es sein, dich auf die Genauigkeit des Pickings und ein sauberes und gleichmäßiges Spiel zu konzentrieren. Die Noten in Takt eins sind in Vierergruppen angeordnet. Übe also bei Bedarf vier verschiedene Phrasen und verbinde diese dann miteinander.

Takt zwei beginnt mit zwei weiteren Vierergruppen, bevor er in das chromatisch aufsteigende Lick übergeht. Verwende hierfür ein striktes Alternate Picking (Wechselschlag) und hänge dich in den Halbtonschritt-Bend am Ende des Taktes - er sollte ein wenig hinter dem Beat landen.

Im dritten Takt spiele ich das A auf der B-Saite, 10. Bund, mit dem zweiten Finger, unterstützt vom ersten Finger dahinter, so dass ich dann direkt in den Bend am 12. Bund sliden kann.

Beispiel 1h - *Skip to my Steve*

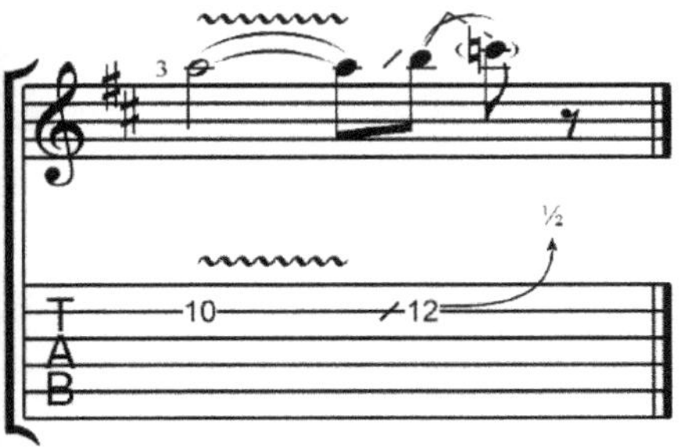

Das nächste Lick heißt *Flat Tire*, weil ich in der Anfangsphrase eine verminderte Quinte *(flatted fifth)* eingebaut habe. In der ersten Vierergruppe könnte die zweite Note (D#) als chromatischer Annäherungsnote im Bebop-Stil erklärt werden, aber ich habe sie absichtlich gewählt, weil sie die verminderte Quinte (b5) des A7-Akkords ist, über den wir spielen. Das Anvisieren einer alterierten Note ist ein einfacher Weg, um Spannung und Auflösung, bzw. den sogenannten „Outside-Inside"-Sound zu erreichen.

Die nächste Vierergruppierung ist ein A7-Arpeggio, das von der Terz (C#) aus gespielt wird, und diese Phrase wird in der letzten Vierergruppierung des Taktes eine Oktave höher wiederholt.

In Takt zwei wird das Lick mit einem absteigenden Blueslauf geerdet. Es ist immer gut, diese Art von Gleichgewicht in einer Linie anzustreben - intervallisch vs. bluesig, oder kantig vs. eher diatonisch klingend. So können wir das Publikum bei der Stange halten und trotzdem ein paar hippe, abenteuerliche Lines spielen.

Beispiel 1i – *Flat Tire*

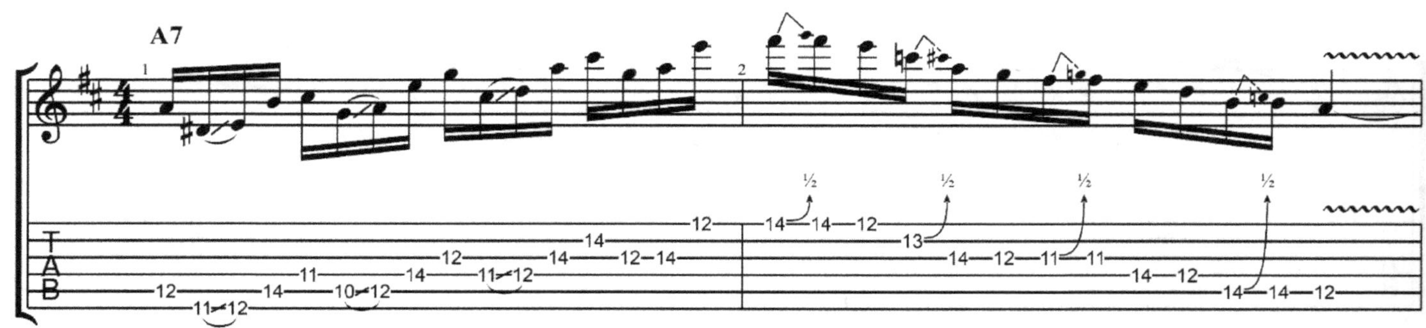

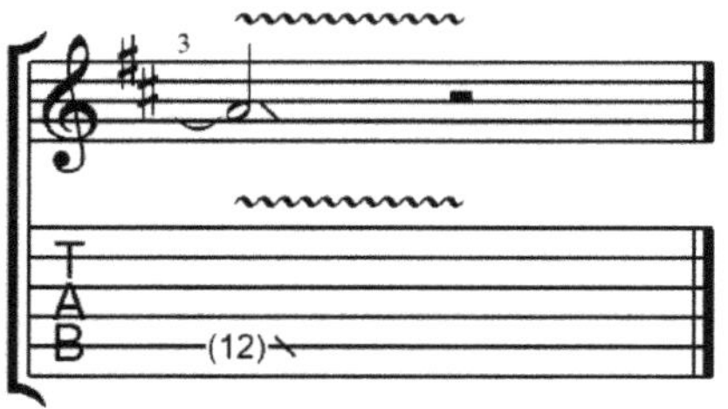

Wenn ich ein Tritonus-Lick höre, denke ich immer an Jimi Hendrix, der diese Idee in *Purple Haze* und anderen Stücken so denkwürdig umgesetzt hat.

Bei diesem Lick werden zunächst Tritonusintervalle (b5) mit reinen Quarten gemischt. Dann, wie bei einigen der anderen Licks, bringen wir die Dinge mit einem Blues-Vibe nach Hause.

In der Eröffnungsphrase folgt auf das G ein C#/Db (ein b5-Intervall darüber), und auf dieses wiederum ein G (eine b5 darüber). Das Zusammenspiel dieser Intervalle erzeugt einen unverwechselbaren knackigen Sound. Wenn du diese Phrase isolierst und die Noten einmal als Double-Stops spielst (G und Db zusammen, dann Db und G), hörst du das *Purple* Haze-Eröffnungs-Lick.

Dominantakkorde sind das ideale Mittel, um intervallische Ideen auszuprobieren, da sie ganz legitim alteriert werden können, um verschiedene Spannungsnoten zu erzeugen. In dieser Hinsicht sind sie viel toleranter als Dur- oder Moll-Akkorde!

Beispiel 1j - *Jimi Says*

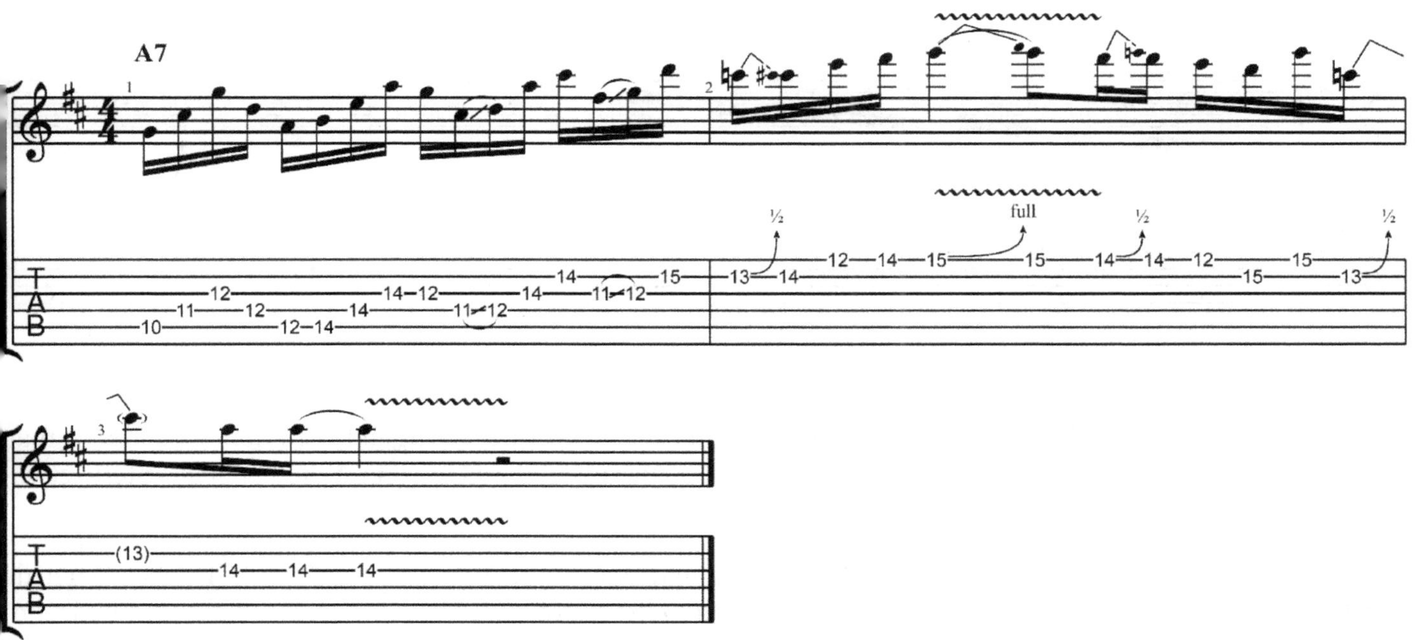

Vorhin hast du geübt, die mixolydische Tonleiterin A in Sext-Intervallen zu spielen. Jetzt ist es an der Zeit, diese breiteren Intervalle in *6th Foot Spider* einzusetzen (ich fordere dich auf, das zehnmal schnell zu sagen).

Sext-Intervalle haben eine unglaublich melodische Qualität - sie klingen nicht so unaufgelöst wie Quarten oder so zweideutig wie Quinten. Um sie sauber zu spielen, sind jedoch etwas Gymnastik mit der Greifhand erforderlich. Gehe dieses Lick also langsam durch, bevor du es spielst, und stelle sicher, dass du es auf die ökonomischste Weise greifst.

Es handelt sich um eine achttönige Sequenz, die fast zwei volle Zyklen durchläuft, bevor sie von einem bluesigen Schlusswort unterbrochen wird.

Anstatt nur aufsteigende Sexten zu verwenden, habe ich mich entschieden, aufsteigende und absteigende Bewegungen zu kombinieren, damit das Lick nicht zu vorhersehbar klingt. Wir wollen den Klang des Intervalls nicht überstrapazieren. Das verwendete Muster ist aufsteigend, absteigend, aufsteigend, aufsteigend.

Dies stellt eine Herausforderung für dein Wechselschlag-Picking dar. Achte also auf unerwünschte Saitengeräusche beim Überspringen von Saiten.

Beispiel 1k – *6th Foot Spider*

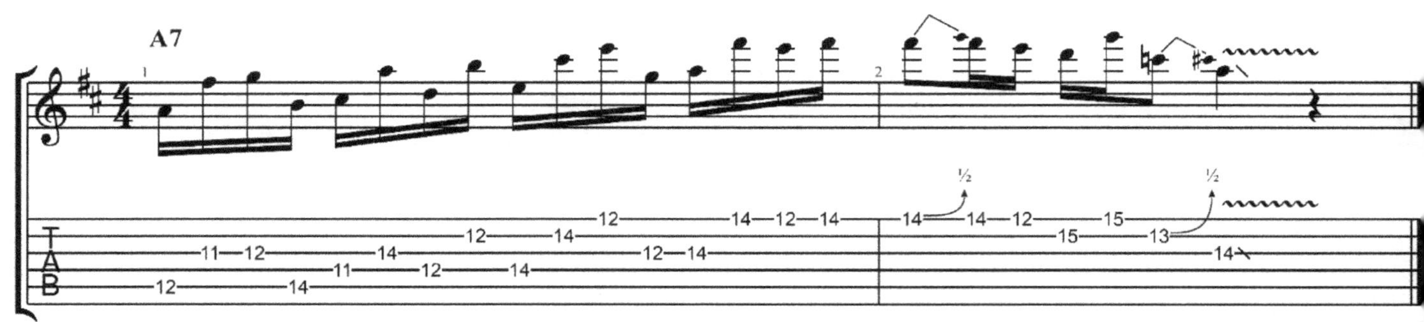

Das nächste Beispiel verwendet Unisono-Noten. Die Gitarre ist eines der wenigen Instrumente, bei denen man dieselbe Note an mehreren Stellen spielen kann. Das Tolle daran ist, dass Unisono-Noten an jeder Stelle etwas anders klingen, weil sich die Klangfarbe ändert.

Das Lick beginnt mit dem Grundton, der Quinte (5) und der None (9) (Im Laufe dieses Buches wirst du feststellen, dass ich diesen 1-5-9-Sound liebe und sehr oft verwende). Dann wird die None als Unisono-Ton auf einer anderen Saite wiederholt. Die Linie setzt sich in einer Reihe von Intervallen aus reinen und verminderten Quinten und Quarten fort, bevor sie auf dem Skalenton der großen Terz landet.

Du wirst den Sound von 1-5-9 schon gehört haben, mit dem Andy Summers unvergessliche Riffs für *The Police* in Stücken wie *Message in a Bottle* und *Every Breath You Take* geschrieben hat.

Beispiel 1l – *Unison Face*

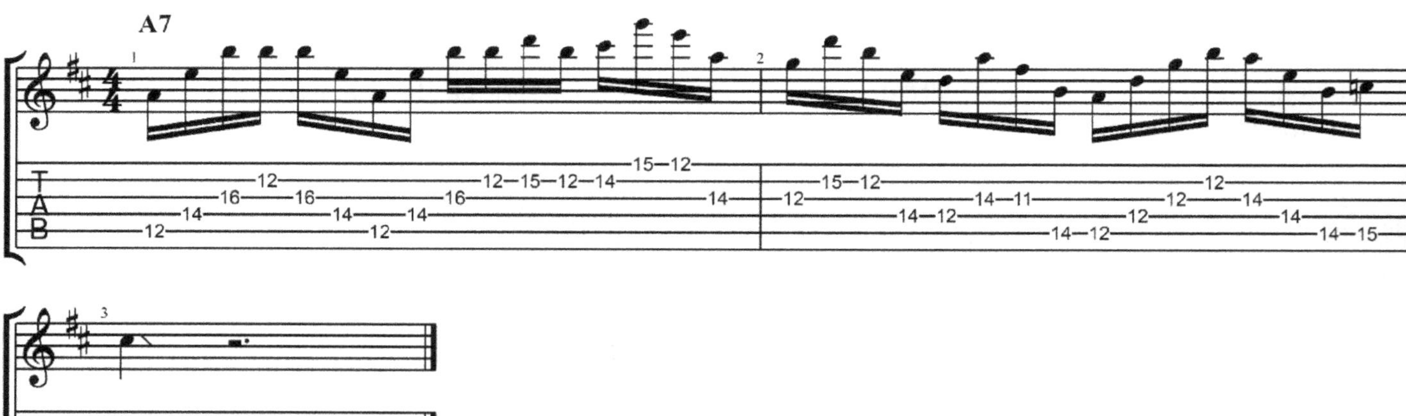

Unser abschließendes intervallisches Mixolydisch-Lick gleitet über das gesamte Griffbrett (daher der Name *Rollerbladin'*) und verwendet dabei Paare von geschichteten Quinten aus verschiedenen Graden der mixolydischen Tonleiter. Es geht darum, eine intervallische Form (Grundton, 5 und wieder 9) zu nehmen und sie auf dem Griffbrett nach oben zu bewegen.

Der große Unterschied zwischen diesem Lick und dem vorherigen besteht darin, wie ich die Quinten auf dem Griffbrett anordne. Zuvor haben wir einen Abstand von fünf Bünden vom 12. bis zum 16. Bund verwendet, aber diese Distanz wird immer schwieriger zu bewältigen, je weiter man sich auf dem Griffbrett nach unten bewegt. Mit Hilfe einiger geschickter Saitensprünge können wir einen viel handlicheren Fingersatz spielen.

Dies ist ein weiteres Beispiel dafür, wie die Kenntnis des Griffbretts und die Verwendung alternativer Fingersätze dein melodisches Potenzial erweitern können.

Beispiel 1m - *Rollerbladin'*

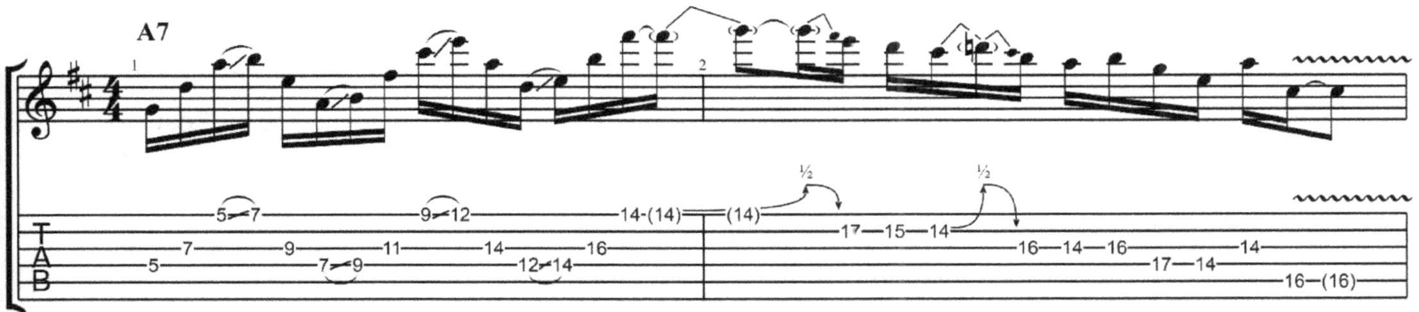

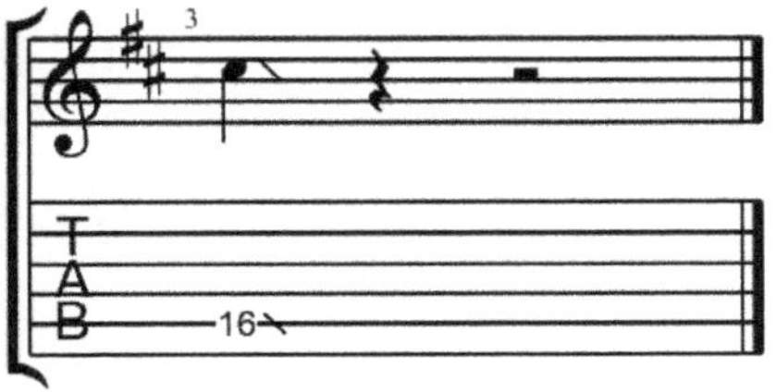

Kapitel Zwei - Äolische Licks

Über die äolische Skala

Alle Licks in diesem Kapitel werden über einen Cm7-Akkord-Vamp gespielt, wobei die äolische Tonleiter in C verwendet wird, die der sechste Modus ihrer übergeordneten Tonleiter, Eb-Dur, ist. Die äolische Tonleiter ist auch als natürliche Molltonleiter bekannt und ist die *relative Molltonleiter* ihrer übergeordneten Durtonleiter.

C-Äolisch enthält die Noten: C, D, Eb, F, G, Ab, Bb.

Damit enthält sie auch die Noten der C-Moll-Pentatonik (C, Eb, F, G, Bb). Wenn wir uns also (auf eine gute Art und Weise) einschränken und das Beste aus nur wenigen Noten machen wollen, ist diese Moll-Pentatonik eine gute Option.

Untenstehend siehst du die Form der Skala mit dem Grundton auf der E-Saite in achter Position. Spiele einen Cm7-Akkord, dann spielen diese Form auf- und absteigend darüber und höre, wie sie mit dem Akkord interagiert.

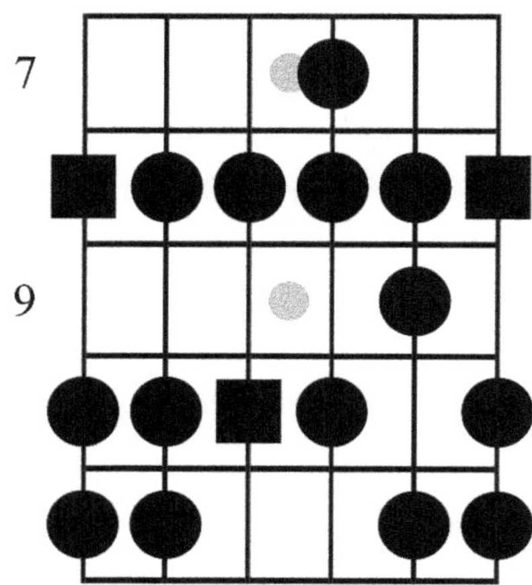

Hier ist das C-Äolisch in der dritten Position, mit dem Grundton auf der A-Saite.

C Aeolian

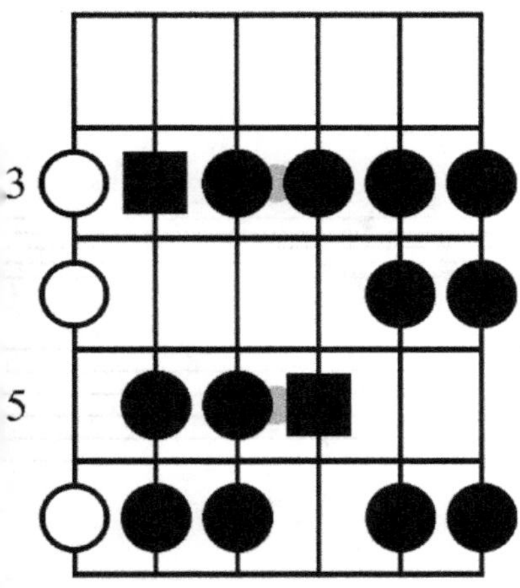

Der äolische Modus ist der Modus, den die meisten Leute als erstes lernen, zusammen mit dem ionischen Modus (Durtonleiter), weil sie eine starke harmonische Beziehung zueinander haben. Es ist vielleicht der offensichtlichste Moll-Sound, den man anstreben kann, wenn man über einen Moll-Vamp spielt, aber das bedeutet nicht, dass er langweilig klingen muss.

Wie im vorigen Kapitel findest du hier einige Übungen, die dir helfen, die Tonleiter in größeren Intervallen zu spielen. Sie dienen dazu, den Klang der Tonleiter in deinen Ohren und in deinem Muskelgedächtnis zu verankern, also solltest du sie nicht auslassen und direkt zu den Licks springen - dieses Training ist ein wesentlicher Teil der Reise.

Wir steigen gleich in die erste Übung ein und spielen die Tonleiter in Quarten, auf- und absteigend.

Beispiel 2a

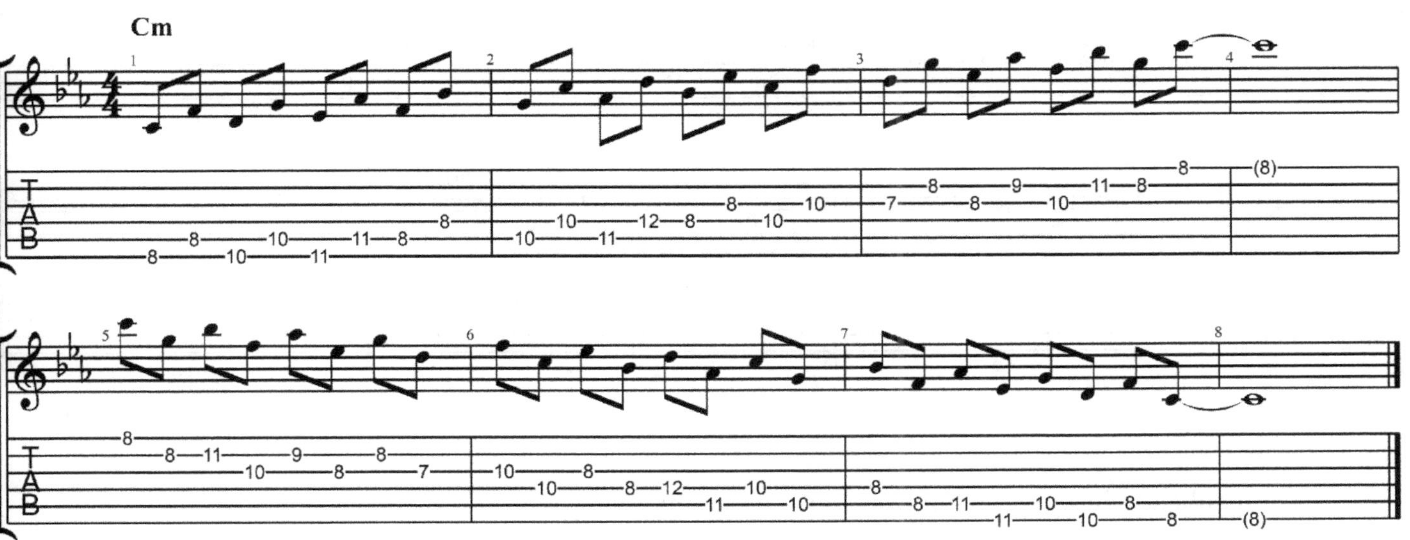

Nun wollen wir die Tonleiter in Quint-Intervalle aufteilen.

Beispiel 2b

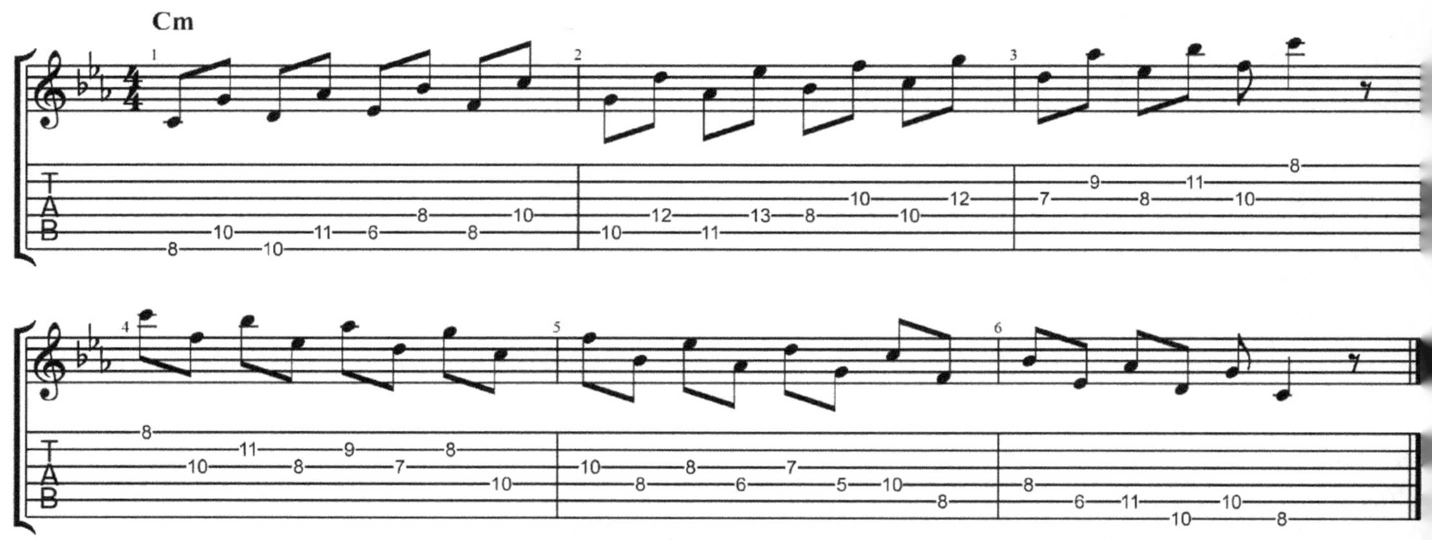

Und schließlich spielen wir sie in Sexten durch, auf- und absteigend.

Beispiel 2c

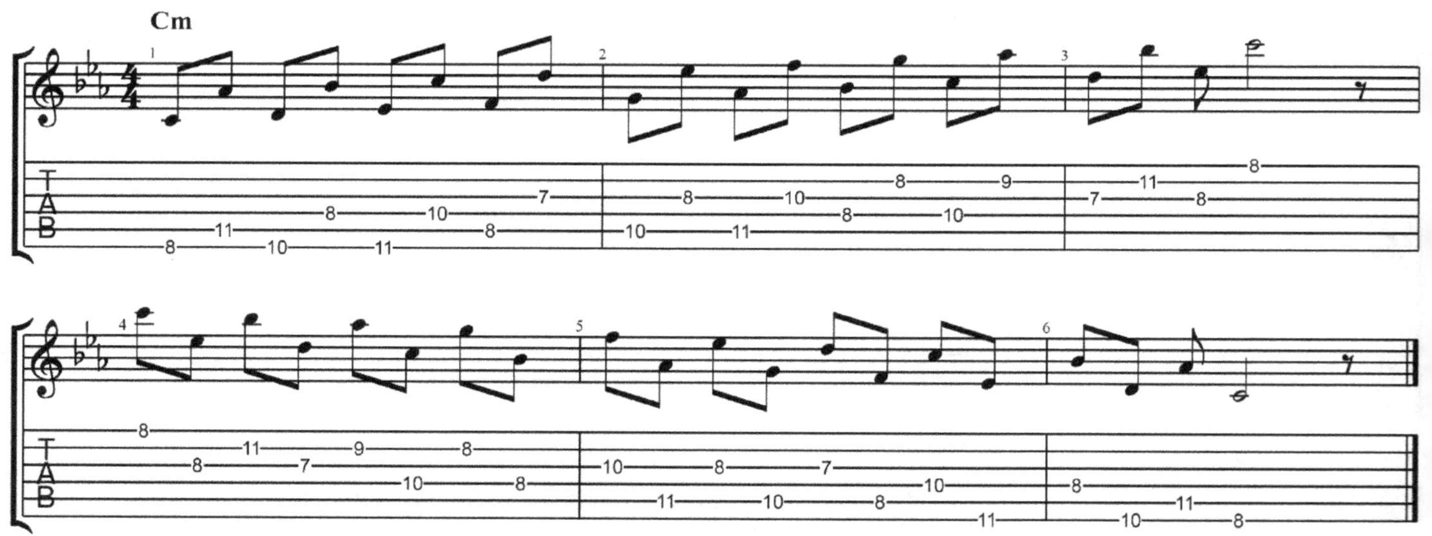

Lass uns nun anhand dieser Skala ein paar Ideen ausprobieren.

Ich habe dieses erste Lick *Corporate Ladder* genannt, weil es die äolische Tonleiter hinaufklettert. Es ist von den Noten der C-Moll-Pentatonik abgeleitet und steigt in Quart-Intervallen auf.

Halte deine Hand während dieses Licks in der Nähe der achten Position. Wie bei den vorangegangenen Licks mit den geschichteten Quarten musst du deinen ersten Finger am 8. Bund über die unteren drei Saiten legen und das Eb am 11. Bund mit deinem vierten Finger spielen.

Ich benutze den ersten Finger, um alle Noten, die am 8. Bund auf benachbarte Saiten fallen, als Barré zu greifen, da dies der ökonomischste Fingersatz für das Lick ist. Achte auf den Fingersatz bei jedem Abstieg, damit du die Noten sauber hinbekommst.

Beispiel 2d – *Corporate Ladder*

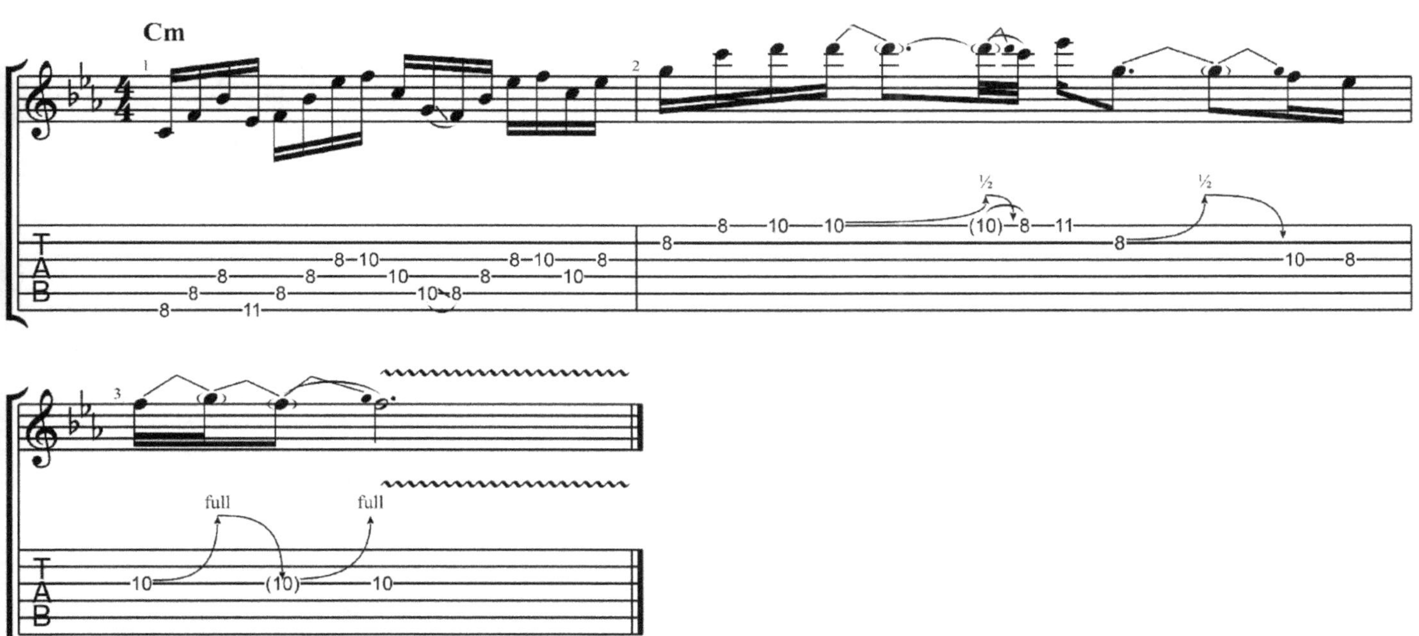

Das nächste Lick basiert auf Quint-Intervallen. Es ist eine sich schlängelnde, gleitende Linie, die sich diagonal über den Hals bewegt. Es funktioniert über einem C-Moll- oder Cm7-Akkord.

Im ersten Takt geht es um den schnellen Aufstieg auf dem Griffbrett. Zu Beginn des Licks vermeide ich es, den Grundton zu spielen, und beginne stattdessen mit einer vierstimmigen Phrase, die auf dem b7 von Cm7 (Bb) beginnt. Dies und die Tatsache, dass ich weite Intervalle spiele, verhindert, dass das Lick vorhersehbar klingt.

Zu Beginn von Takt zwei sind zwei schnelle Sweeps auszuführen. Bei diesen Mustern handelt es sich um einen C-Moll-Dreiklang bzw. einen Bb-Dur-Dreiklang, wobei jeweils eine Note des Dreiklangs verdoppelt wird.

Hier geht es darum, Dreiklänge von anderen Akkorden zu verwenden, die zur gleichen übergeordneten Tonleiter/Tonart gehören. Zu Beginn des Kapitels haben wir gelernt, dass die äolische C-Tonleiter aus der übergeordneten Eb-Dur-Tonleiter hervorgegangen ist. C-Moll ist der Akkord vi in der Tonart Eb-Dur, und Bb7 (oder Bb-Dur als Dreiklangsform) ist der Akkord V.

Spiele die Sweeps, indem du die hohen Töne auf der ersten Saite mit dem vierten Finger spielst und dann zum ersten Finger springst, um jede Sweeping-Triolenphrase zu beginnen. Ziehe dein Plektrum über die höchsten drei Saiten nach oben.

Beispiel 2e – *Sliding into 5ths*

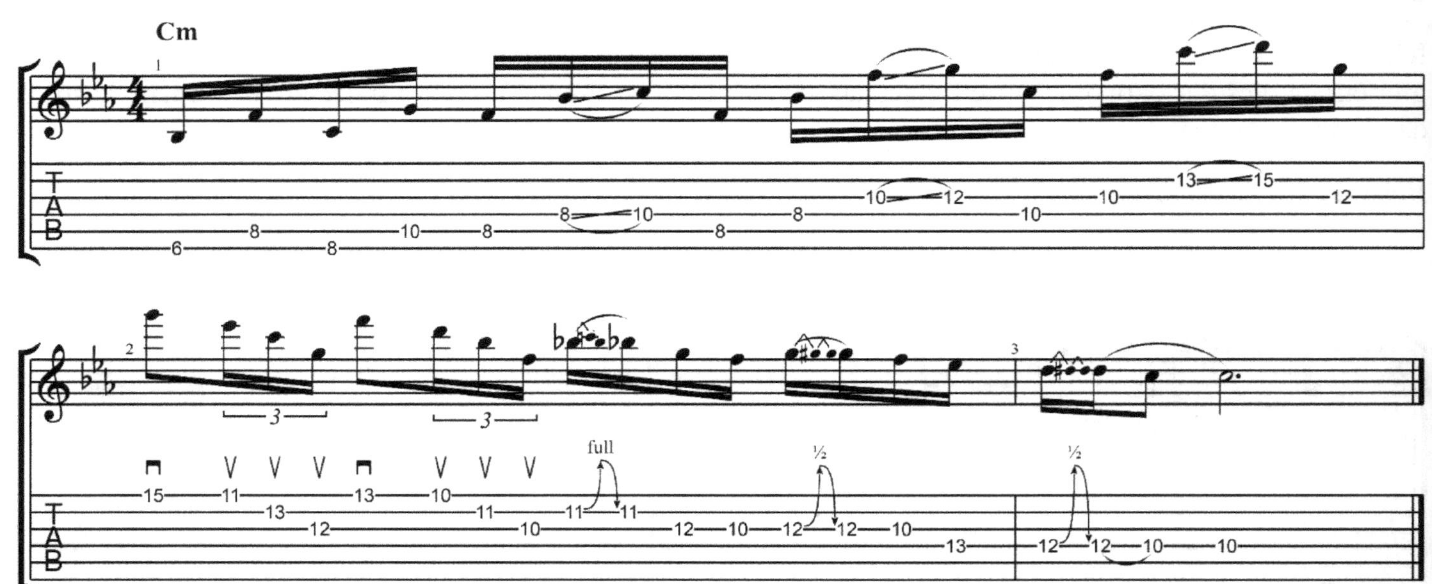

Hier kommt wieder die 1-5-9-Form (Grundton, Quinte, None). Sie ist eine meiner Lieblingsformen aller Zeiten! Ich liebe ihren zweideutigen, weiträumigen Klang. Da es kein Terz-Intervall gibt, kann dieses Muster je nach musikalischem Kontext nach Moll oder Dur klingen.

Takt eins dieses Licks besteht aus aufsteigenden 1-5-9-Bewegungen, die einige schnelle Positionswechsel der Greifhand erfordern. Halte die Greifhand für jeden Abschnitt mit gespreizten Fingern bereit, jeweils einen Sekundenbruchteil, bevor du die Noten spielen musst.

In Takt zwei bleibst du mit deiner Greifhand durchgehend in der zehnten Position, um das bluesige absteigende Lick zu spielen. Die erste Vier-Noten-Phrase ist ein G-Moll-Dreiklang (ein weiterer Dreiklang aus der Grundtonart Eb-Dur, G-Moll ist Akkord iii). Die restlichen Noten stammen aus der C-Moll-Pentatonik, mit eingestreuten Bends.

Beispiel 2f - *159'er Breaker Breaker*

Die erste Hälfte des nächsten Licks ist eine verschobene Bluesskala. Spiele eine Standard-C-Moll-Blues-Skala in achter Position und arbeite dann nur an den ersten zwölf Noten dieses Licks, um ein Gefühl für das Konzept der Verschiebung zu bekommen. Die Idee ist, dass du die Noten der Skala nicht in der normalen Reihenfolge von unten nach oben spielst, sondern bestimmte Noten eine Oktave nach oben *verschiebst* und dann zur ursprünglichen Oktave zurückkehrst.

In Takt zwei haben wir ein kurzes Tonleitermuster, gefolgt von einem chromatischen Lauf auf der B-Saite hinauf zu einem Eb (der b3 des C-Moll-Akkords). Das Lick endet mit einigen Standard-Rock-'n'-Roll-Bends.

Beispiel 2g - *Dis Placemat*

Das letzte Riff in unserem äolischen Segment beginnt auf der „4und" des Auftaktes, einen Bruchteil vor Schlag 1 des ersten Taktes. Die Idee war, mit einigen reinen Quint-Intervallen zu beginnen und in diatonische Sext-Sprünge überzugehen. Achte auf deinen Fingersatz und konzentriere dich darauf, die Saitensprünge äußerst sauber zu spielen.

Es gibt hier ein paar Halbton-Bends mit dem Zeigefinger vor den letzten drei Ganzton-Bends, die einen Double-Stop enthalten, der eine hohe E-Saite hinzufügt.

Beispiel 2h - *Andy One, Andy Two*

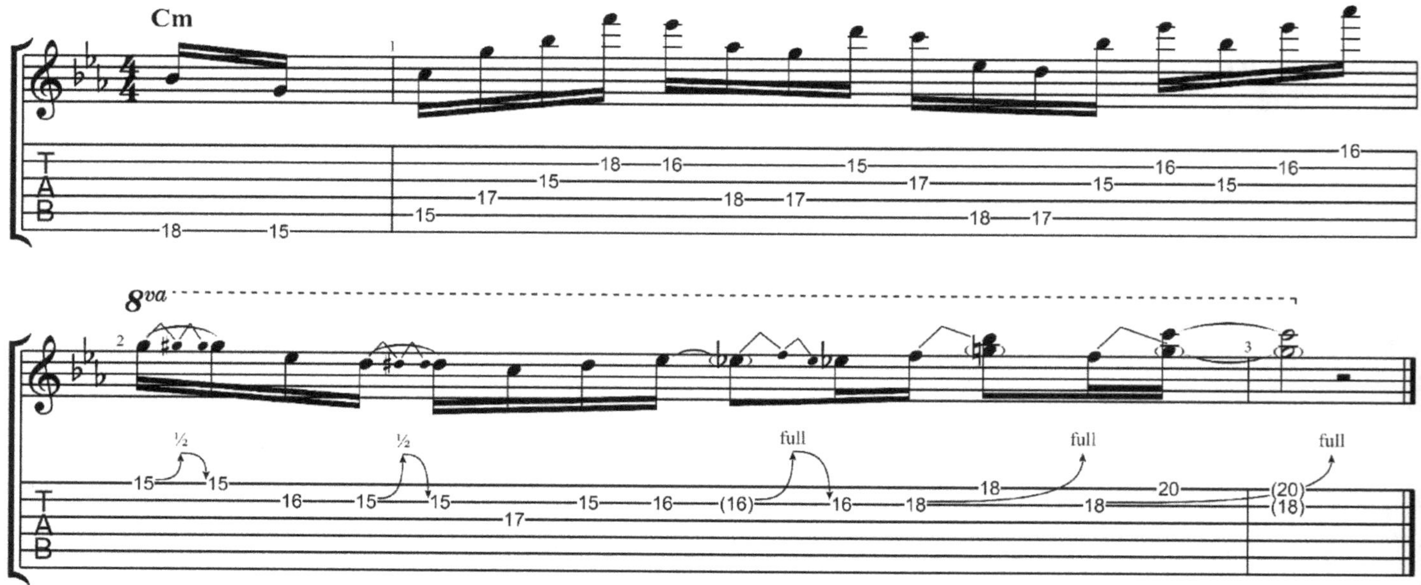

Kapitel Drei - Dorische Licks

Über die dorische Skala

In diesem Kapitel konzentrieren wir uns auf den anderen Moll-Sound, den man gut unter den Fingern haben sollte - die dorische Skala.

Alle Licks in diesem Kapitel werden über einen D-Moll-Akkord-Vamp gespielt, wobei die dorische Tonleiter verwendet wird, die der zweite Modus der übergeordneten Tonleiter C-Dur ist. Die dorische Tonleiter ist bis auf die erhöhte sechste Stufe identisch mit der äolischen Tonleiter, die ihr ihre einzigartige Farbe verleiht. Es ist eine coole Note, wenn sie über einem Moll-Akkord gespielt wird, weil sie einen Moll-6-Sound erzeugt - eine Idee, die von Robben Ford oft betont wird.

D-Dorisch enthält die Noten: D, E, F, G, A, B, C.

Das berühmte Stück *Another Brick in the Wall* von Pink Floyd wurde in D-Dorisch geschrieben. Auch die Songs *So What* von Miles Davis und *Boulevard of Broken Dreams* von Green Day erklingen in dieser Tonart.

Die dorische Tonleiter enthält alle Noten der D-Moll-Pentatonik (D, F, G, A, C), die also in einigen der folgenden Linien vorkommen wird.

Unten siehst du die Form für die dorische Tonleiter in fünfter Position mit Grundton auf der A-Saite. Die verfügbaren Noten auf der tiefen E-Saite sind durch hohle Kreise gekennzeichnet, aber du solltest die Tonleiter von ihrem Grundton aus lernen.

D Dorian

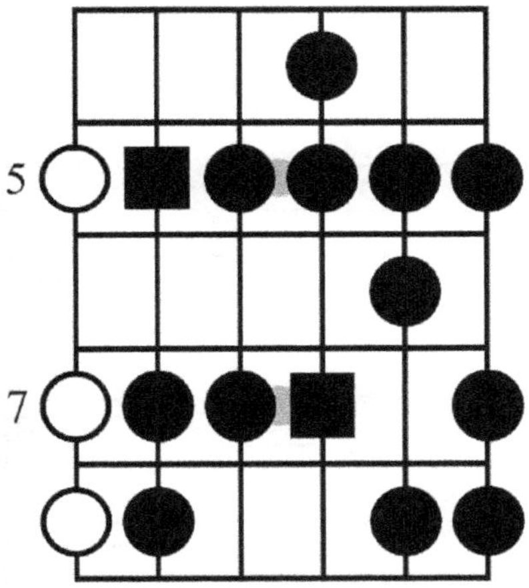

5

7

Hier ist die Form für die Tonleiter in zehnter Position mit Grundton auf der E-Saite.

D Dorian

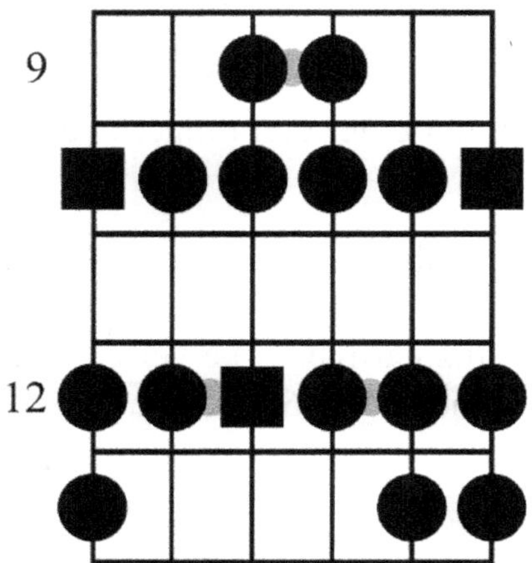

Wie zuvor üben wir zunächst einige dorische Intervalle, bevor wir uns den Licks zuwenden. Wie bei der äolischen Tonleiter werden wir uns auf die Quarten, Quinten und Sexten konzentrieren. Gelegentlich breche ich aus der Tonleiterbox aus, wenn dadurch der Fingersatz für ein Intervall viel einfacher zu handhaben ist.

Wir beginnen mit den Quarten, die in der Grundtonart A gespielt werden. Ich denke, du wirst mir zustimmen, wenn ich sage, dass die dorische Tonleiter in Quarten ein ziemlich cooler Sound ist!

Beispiel 3a

Spiele nun die Tonleiter mit Quint-Intervallen durch, die auf der Form mit dem Grundtons auf der E-Saite basieren.

Beispiel 3b

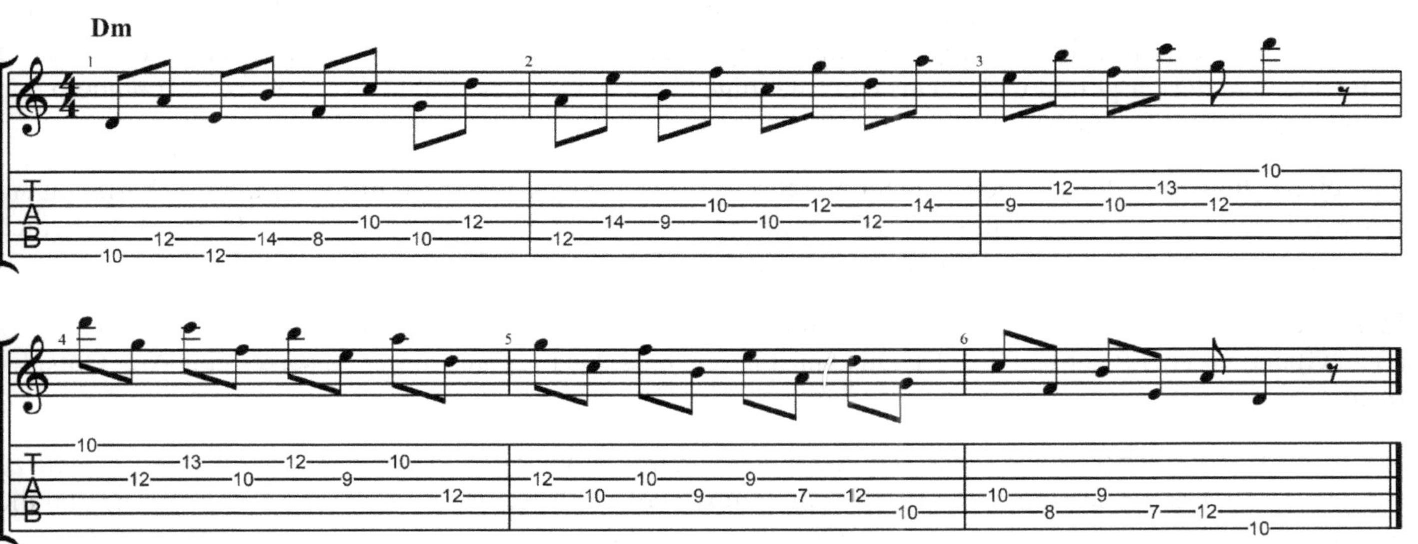

Schließlich kehren wir zur Form in der fünften Position zurück, um die Tonleiter in Sexten zu spielen.

Beispiel 3c

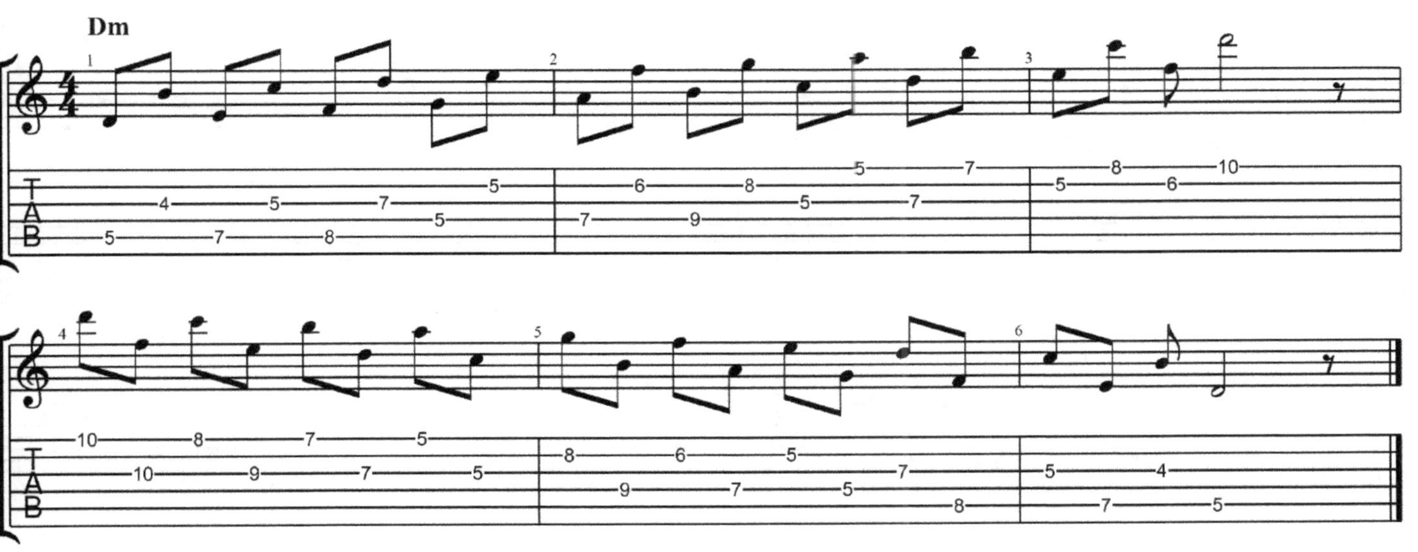

Nachdem du nun mit einigen intervallischen Klängen der dorischen Tonleiter vertraut bist, wollen wir uns ansehen, wie sich diese in einige spannende Licks umsetzen lassen.

Wir beginnen mit einem Lick, den ich „*Blue Tude*" genannt habe. Nicht „tüde" wie in *Etüde*, sondern *Attitude,* denn hier geht es darum, einen aggressiven Rock ‚n' Roll-Vibe einzufangen.

Diese Idee enthält ein paar schicke Halbton-Blues-Bends. Sie enthält sowohl verminderte als auch reine Quint-Intervalle und einige geschmeidige Hammer-Ons und Pull-Offs.

Dieses Lick ist länger als die bisherigen und erstreckt sich über vier Takte. Teile es in Abschnitte auf und perfektionier jeden Teil, bevor du sie zusammenfügst. Du kannst auch einfach einen beliebigen Teil dieser Linie nehmen, der dir gefällt und ihn als eigenständiges Lick verwenden. Fühle dich frei, es zu verändern und zu deinem eigenen zu machen.

Takt eins enthält eine Phrase, die sich über alle Saitensätze hinweg wiederholt, mit einer kleinen Variation am Ende. Bei den ersten beiden Bends beuge ich vom Intervall b5 zur 5 (G# zu A), dann von C# zu D, wobei ich mich dem Grundton von einen Halbtonschritt unterhalb nähere.

In Takt zwei konzentriert sich die nächste Gruppe frecher Halbton-Bends auf Bewegungen von der 6 zur b7 (B zu C) und von der 9 zur b3 (E zu F). Du kannst hören, dass das Ergebnis dieses Ansatzes eine Art „Outside-Inside"-Sound ist.

Takt drei ist der Abschnitt des Licks, der die meiste Aufmerksamkeit erfordert, um reibungslos gespielt zu werden. In der ersten vierstimmigen Phrase hörst du wieder das Intervall b5. Der Rest dieser Phrase und die nächste vierstimmige Phrase sind in reinen Quinten angeordnet.

Der knifflige Teil hier ist die folgende Sextolenphrase. Ich slide mit dem ersten Finger hin und her, um diese Phrase auszuführen. Arbeite sie zunächst langsam aus, da sie sich bei höherem Tempo unschön anhört, wenn sie nicht sauber gespielt wird.

Beispiel 3d - *Blue Tude*

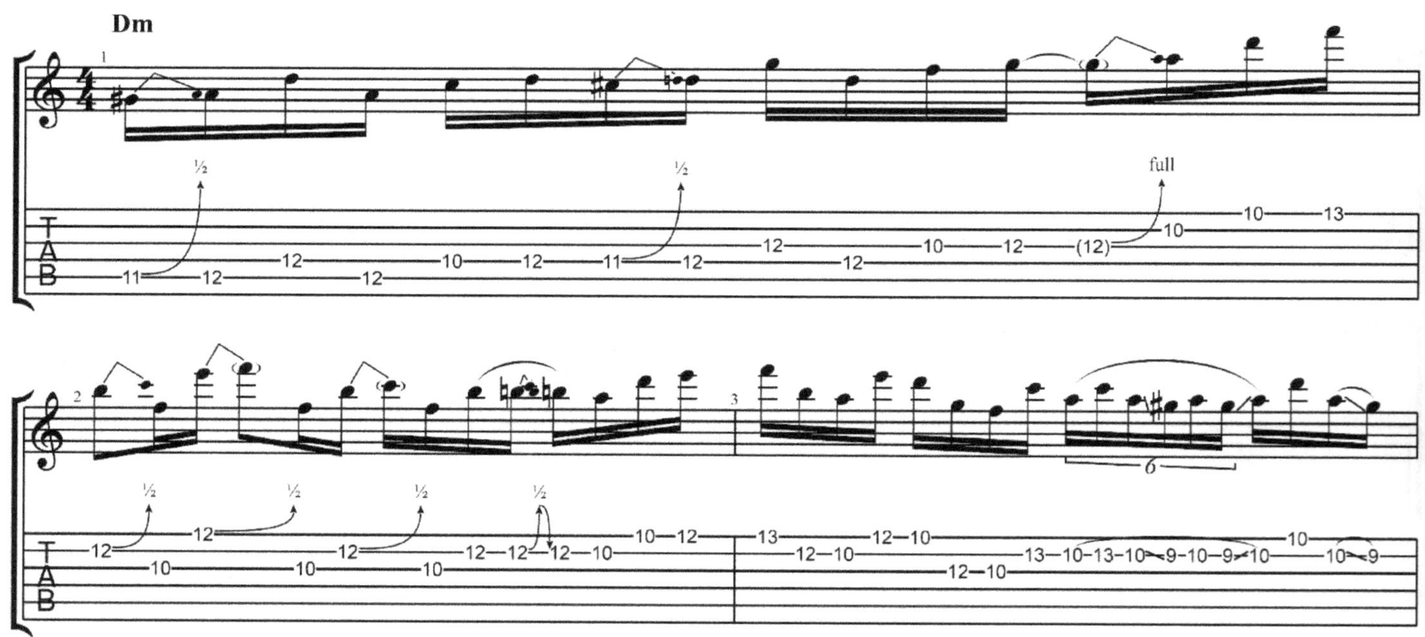

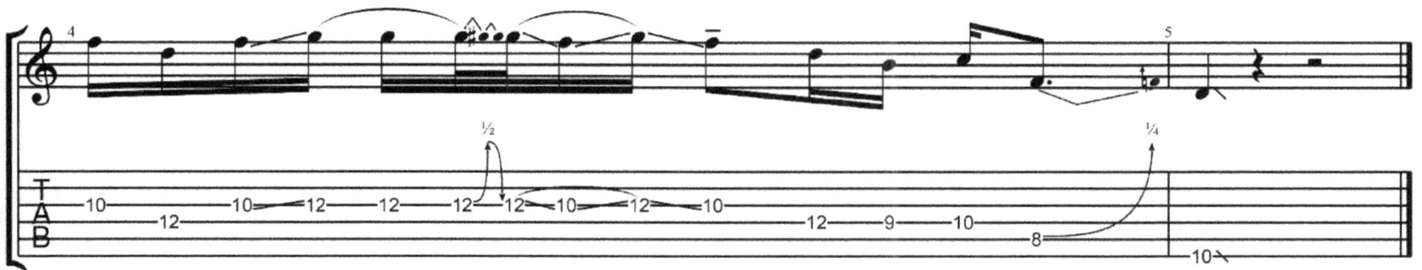

Als Nächstes folgt eine Linie, die als D-Moll Pentatonik aufsteigt und als D-Dorisch absteigt. Der aufsteigende Hammer-On-Abschnitt in Takt eins sollte recht einfach zu spielen sein, da nicht viel angeschlagen werden muss. Wenn du deine Läufe schneller spielen willst, ist eine Kombination aus Legato und Picking-Phrasen ein guter Anfang.

Zu Beginn von Takt zwei spiele ich einen Unisono-Bend. Greife das D auf der hohen E-Saite mit dem ersten Finger und führe den Bend vom 13. Bund auf der B-Saite mit dem dritten Finger aus, während du das D immer noch klingen lässt.

In dem absteigenden Muster sind einige Quarten enthalten. Wenn ich reine Quart-Intervalle abwärts oder aufwärts spiele, greife ich die Noten im Allgemeinen mit einem Finger und rolle ihn ab, um sie klar voneinander zu trennen. Wenn ich jedoch drei oder mehr Noten auf demselben Bund abwärts spiele, verwende ich oft getrennte Finger, um eine sauberere Ausführung zu erreichen.

Beispiel 3e - *Hammerzeit*

Diese Linie beginnt mit reinen Quarten, die in der fünften Position zur D-Moll-Pentatonik aufsteigen. Wieder einmal erweisen sich die magischen Quarten als sehr nützlich, um zu verhindern, dass das Lick wie ein langweiliges Pentatonik-Klischee klingt.

In Takt zwei sind die Noten der Skala, die gebeugt werden, die 6 (oder 13) zur b7 (und zurück), die b3 zur 4, dann die 9 zur b3 und dann die Auflösung zum Grundton. Ich füge einen Unisono-Bend hinzu, sobald sich die Linie aufgelöst hat.

Dieser Bending-Abschnitt ist der Höhepunkt des Licks und muss mit einer Menge Attitüde gespielt werden, indem du diese Noten bis zum Anschlag beugst. Ringe dieser Phrase wirklich jedes Quäntchen an Ausdruck ab!

Beispiel 3f - *Bendy Booger*

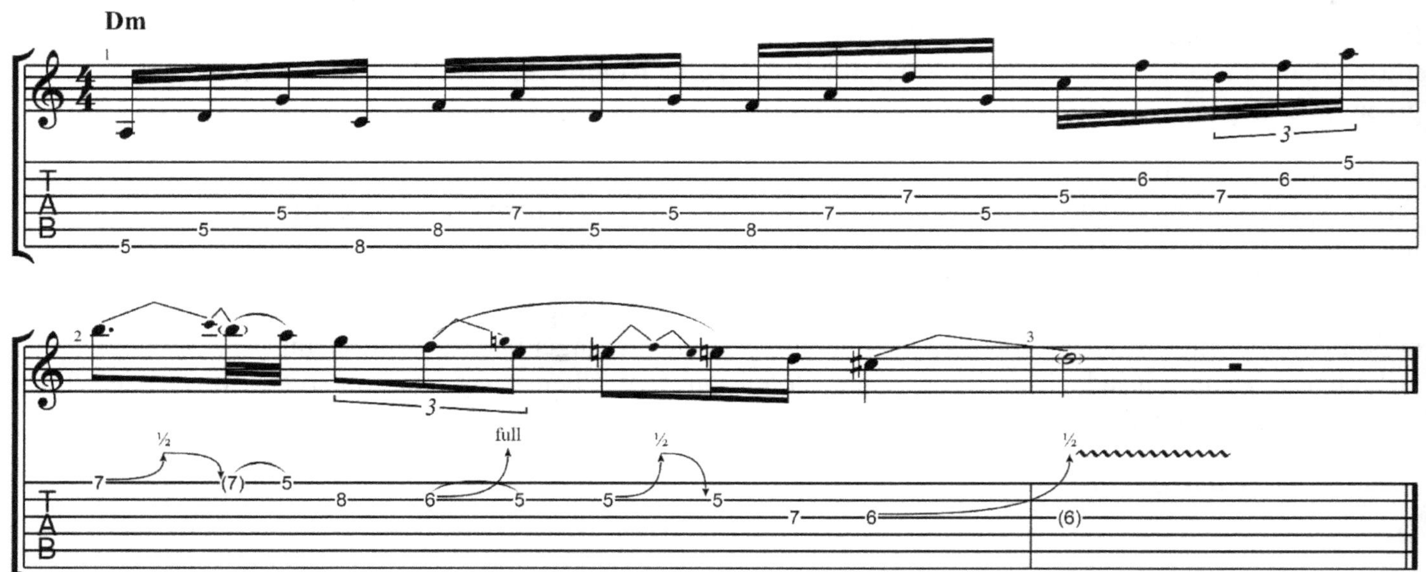

Dieses nächste Lick habe ich *8va Sassy One* genannt. In der Notation bedeutet 8va „eine Oktave höher" und das Lick beginnt mit einigen Oktavsprüngen. Die Noten kommen ausschließlich aus der D-Moll-Pentatonik, während sie aufsteigen, und die Linie erfordert etwas Greifhand-Gymnastik, um sie sauber zu spielen.

Hier behalte ich meine Greifhand die ganze Zeit über in der zehnten Position und halte mich strikt an die Ein-Finger-pro-Bund-Regel. Ich greife die Anfangsphrase wie folgt:

- Der erste Finger spielt das D auf der tiefen E-Saite
- Der dritte Finger spielt das G am 12. Bund
- Der erste Finger bewegt sich dahinter, um das F zu spielen
- Der vierte Finger greift über, um die tiefe F-Oktavnote auf der tiefen E-Saite im 13. Bund zu spielen

Wenn du dich an einen Finger pro Bund hältst, solltest du in der Lage sein, für den Rest des ersten Taktes einen ökonomischen Fingersatz zu finden.

Der Rest des Licks ist eine bluesige Linie, die mit der Betonung der 6. Stufe der Tonleiter endet und ihren dorischen Charakter unterstreicht.

Beispiel 3g - *8va Sassy One*

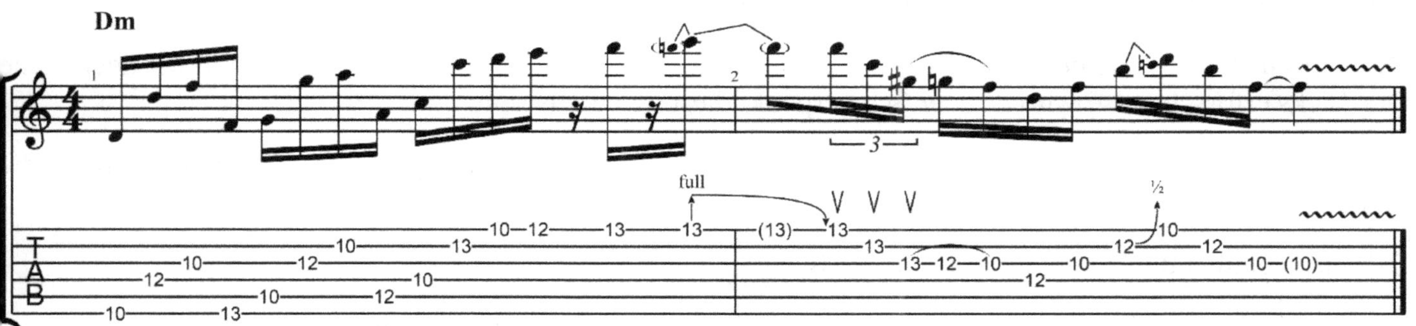

Beim letzten Lick dieses Abschnitts dreht sich alles um das Überspringen der Saiten. Ich liebe diese Technik, weil sie eine so einfache und direkte Möglichkeit ist, dein Spiel zu öffnen und vorhersehbare Läufe zu vermeiden, die einer linearen Sequenz folgen. Skalenläufe haben natürlich ihre Berechtigung, aber wenn du sie mit Skipping-, bzw. Saitensprungideen kombinierst, kannst du viel mehr Kontrast und Interesse in dein Spiel bringen und einige wirklich coole Lines kreieren.

Hier steige ich die D-Moll-Pentatonik auf, indem ich Saiten überspringe und dann eine Note der übersprungenen Saite aufgreife, bevor ich weiter aufsteige

Beim Abstieg füge ich ein paar Halbtonschritte ein, bevor ich am 12. Bund einen Quarten-Abstieg einführe (den du mit separaten Fingern spielen musst). Das Lick endet mit drei Oktaven des Grundtons.

Beispiel 3h - *All Aboot Skippin'*

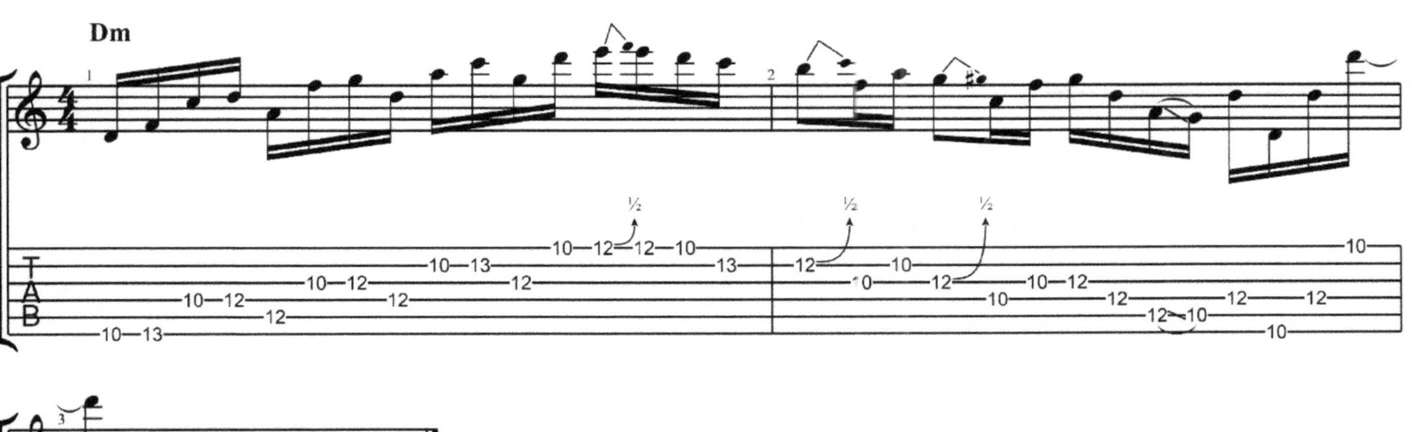

Kapitel Vier - Ionisch / Dur-Licks

Über die ionische Tonleiter (Durtonleiter)

Der ionische Modus ist nur ein anderer Name für die gute alte Dur-Tonleiter, und bisher haben wir noch keine Dur-Licks erforscht, also wird das der Schwerpunkt dieses Kapitels sein.

Alle Licks in diesem Kapitel werden über einen D-Dur-7-Akkord-Vamp gespielt, und wir verwenden die ionische Tonleiter in D.

D-Ionisch enthält die Noten: D, E, F#, G, A, B, C#

Wie für die dorische Tonleiter im vorigen Kapitel sind hier die Formen mit Grundton auf der A- und E-Saite für die ionische Tonleiter in D.

Zunächst die Form mit Grundton auf der A-Saite in fünfter Position.

D Ionian (Major)

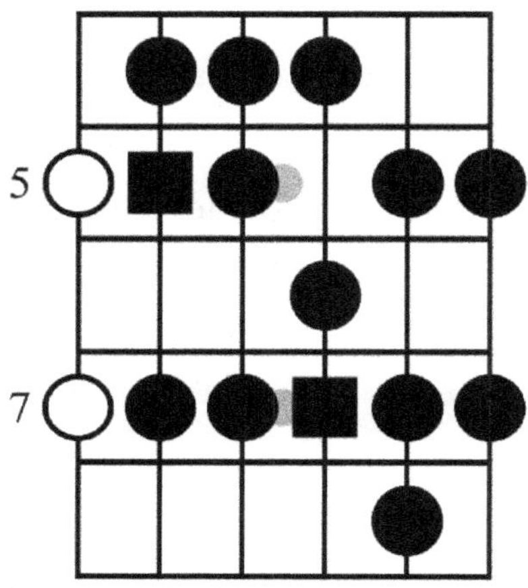

Und nun Form mit Grundton auf der der E-Saite.

D Ionian (Major)

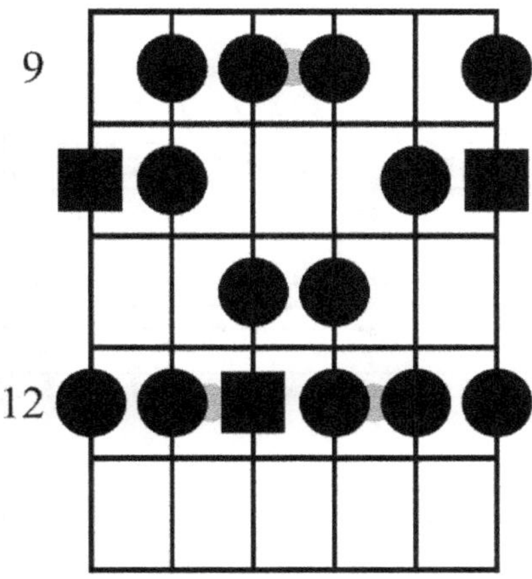

So vertraut du zweifellos mit der Durtonleiter bist, so wenig bist du vielleicht daran gewöhnt, sie in Intervalle aufzuteilen. Deshalb findest du hier die Tonleiterübungen in Quarten, Quinten und Sexten wie zuvor. Ich verwende all diese intervallischen Sprünge in den folgenden Licks. Los geht‘s!

Hier ist D-Ionisch, gespielt in Quarten unter Verwendung des Grundtons auf der A-Saite. Ich gehe für die letzten paar Noten über die Form hinaus, um auf dem Grundton zu enden.

Beispiel 4a

Als Nächstes: D-Ionisch, aufsteigend und absteigend in Quinten.

Beispiel 4b

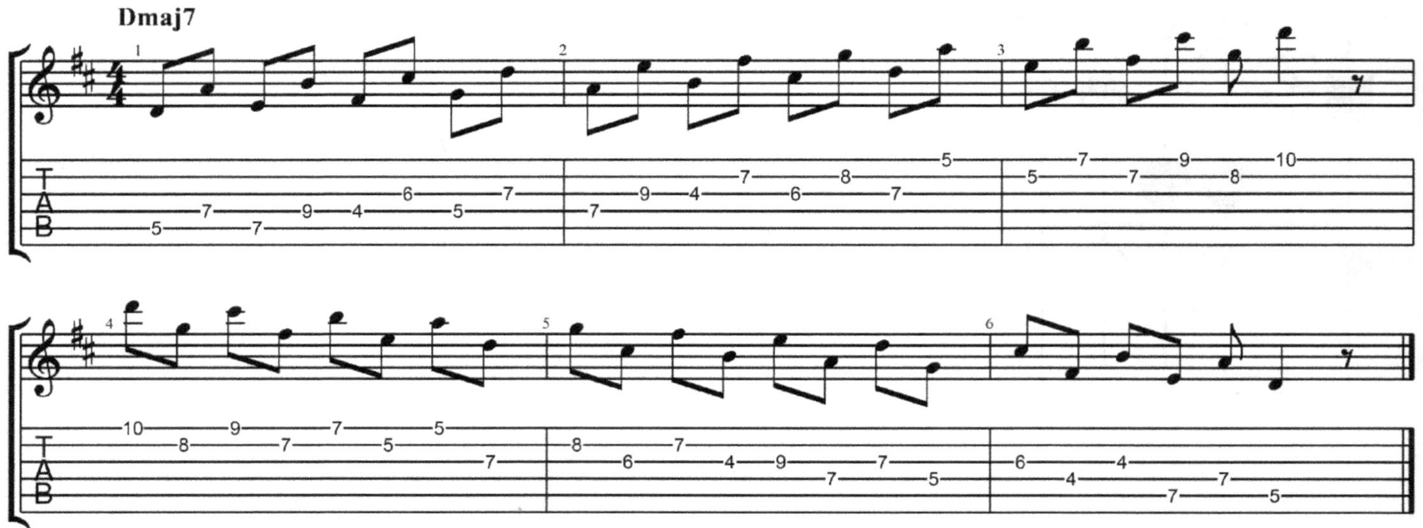

Und schließlich die Sexten - eine häufigere Verwendung der Tonleiter, aber immer noch eine Übung wert.

Beispiel 4c

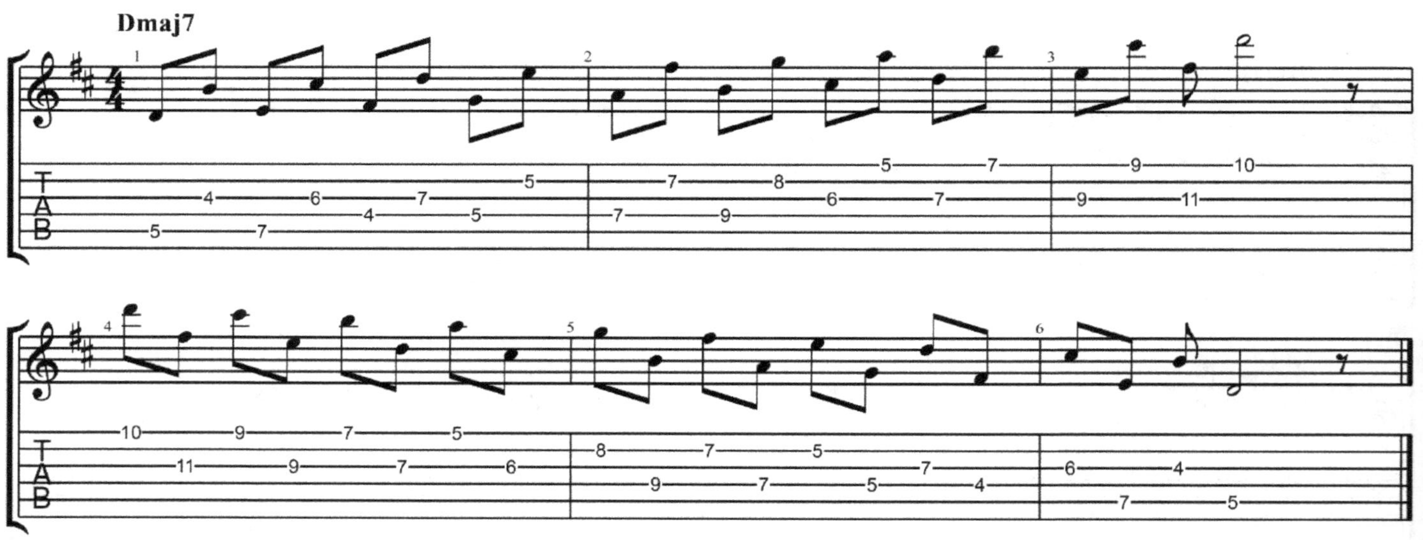

Nun wollen wir erkunden, wie wir diese bekannte Tonleiter mit einigen intervallischen Licks abwandeln können.

In diesem ersten Lick geht es mir darum, den Klang des DMaj7-Akkords zu umreißen, indem ich ein paar erweiterte Noten hinzufüge. Im ersten Takt verwendet jede Gruppe von vier Noten eine andere Kombination von Tönen der ionischen Tonleiter in D, die verschiedene DMaj7-Farben betonen.

ie ersten vier Töne ergeben die sichere Kombination aus Grundton, Quinte (5), Grundton und Terz (3).

ie nächste Gruppe von Noten hebt die farbige Sexte (6, B), die None (9, E), die Quinte (5) und den Grundton ervor und so weiter.

n den Takten 2-3 arbeite ich mit den Noten der ionischen Skala in D in einem kleinen Bereich des Halses und estalte die Sache interessanter, indem ich bluesige Bends hinzufüge. Auf der B-Saite werden die Noten von inem B (6) zu einem C# (7) gebeugt.

m letzten Takt erzeugt der Halbtonschritt von F# nach G einen coolen Effekt. F# ist die Terz (3) des DMaj7-kkords und die Überlagerung des G impliziert den Klang von Dmaj11.

eispiel 4d - *Outlinin'*

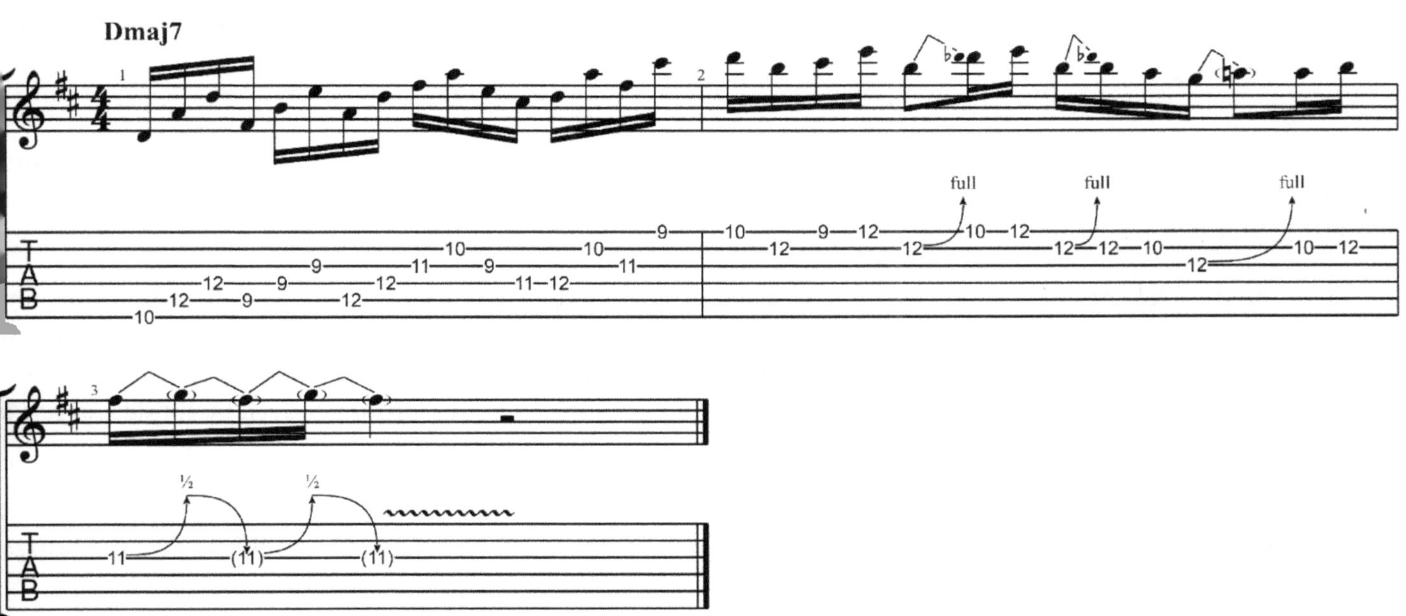

Es wird nicht schwer zu erraten sein, warum ich dieses nächste Lick *Four* genannt habe! Es dreht sich um diatonische Quart-Intervalle und hebt die coolen, geräumigen Sounds hervor, die in der Durtonleiter stecken, wenn wir sie etwas tiefer erforschen.

Bei den Tonleiterübungen zu Beginn des Kapitels ist dir vielleicht aufgefallen, dass nicht jedes Intervall der Quarte eine *reine Quarte* ist. Es ist verlockend zu denken, dass die Quarten immer auf demselben Bund der benachbarten Saite liegen, aber das hängt natürlich ganz davon ab, wie die Stufen der Tonleiter angeordnet sind.

Deshalb sind Tonleiterübungen, bei denen nur ein Intervall geübt wird, so wichtig - es ist gut, die Muster auf dem Griffbrett zu erkennen und den *Klang* eines Quart-Intervalls im Kopf zu haben.

Ich betrachte den ersten Teil des Licks als zwei Gruppen von 1/8-Noten, die jeweils mit einer ähnlichen Sequenz beginnen. Wenn man ein Solo mit größeren Intervallen spielt, macht es die Verwendung von Sequenzen und Mustern für das Publikum einfacher, nachzuvollziehen, was vor sich geht.

Das Lick endet in Takt zwei mit einer Reihe von Bends. Der letzte große Bend bewegt sich von einem F# (von DMaj7) nach A (5) und wieder zurück. Das ist ein cooler Sound über DMaj7.

Beispiel 4e - *Four!*

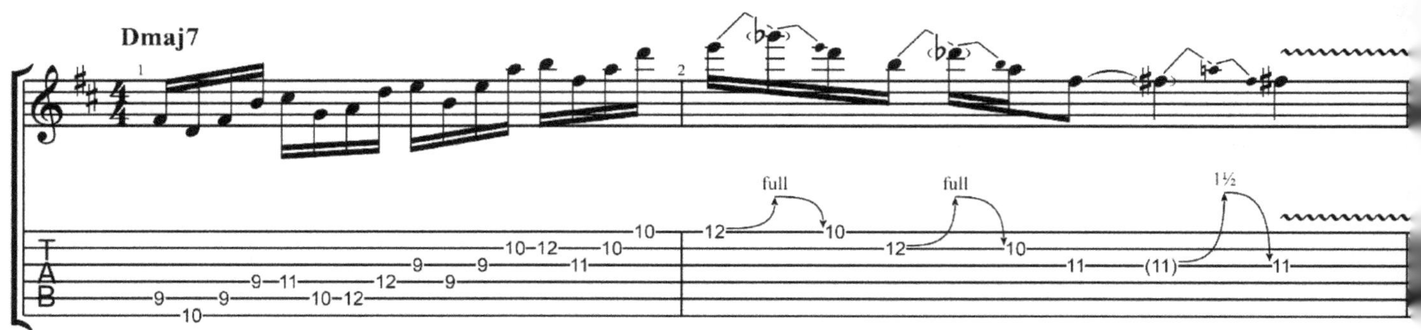

Inzwischen solltest mit dem Spiel in Quinten besser vertraut sein, und die nächste Idee beginnt mit eine Schichtung von ihnen. Beachte, dass Quinten eine einfache Möglichkeit bieten, schnell über den Hals in da obere Register aufzusteigen.

Ich habe dieses Lick *5th Question* genannt, weil es oft verlockend ist, Licks vorhersehbar aufzulösen unc immer zum Grundton zurückzukehren. Sieh das Solospiel stattdessen aus einem größeren Blickwinkel. Ei Solo ist wie das Erzählen einer Geschichte, und man merkt irgendwann, dass man nicht jede Linie auflöser muss. Ein Lick kann mit einer Frage enden (wie dieses, das auf der Terz von DMaj7 endet), bevor das *folgende Lick* eine Antwort gibt.

Halte deine Greifhand während des gesamten Licks in der neunten Position, damit du alles in Reichweite hast Am Ende des Licks solltest du darauf achten, dass du den letzten Bend exakt auf die richtige Tonhöhe bringst und ihn dort für den Bruchteil einer Sekunde hältst, bevor das breite Vibrato einsetzt.

Beispiel 4f – *5th Question*

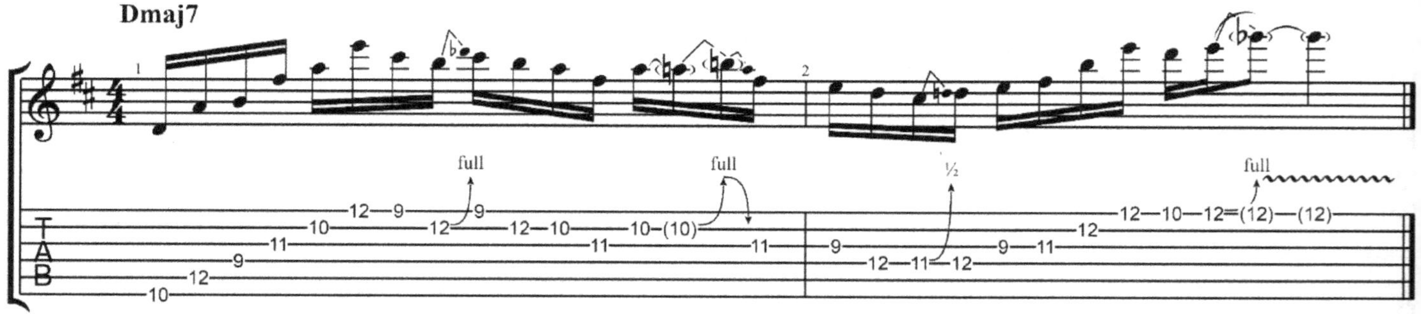

Als Nächstes folgt ein melodisch klingendes D-Ionisch-Lick, das mit einigen Hammer-On- und Pull-Off-Bewegungen in Halbtönen beginnt, ein paar reine Quinten enthält und mit einigen Rock ‚n' Roll-Bends endet.

Takt eins enthält eine Frage-und-Antwort-Phrase. Der Rhythmus und die Saitensprung-Idee der einleitenden sechstönigen Phrase wird auf einem anderen Saitensatz wiederholt. In der ersten Phrase springt die Melodie nach den gehämmerten Noten auf den Grundton im 10. Bund

In der Antwortphrase ist die Zielnote das E auf der dritten Saite, 9. Bund. Du wirst feststellen, dass sich die gehämmerten Noten in dieser Phrase von der 5 (A) zur b5 (Ab) und zurück bewegen. Das Ab gehört nicht zum ionischen Modus in D, aber es wird so flüchtig gespielt, dass es keine wirkliche Spannung erzeugt. Es ist eher ein Ansatz im Bebop-Stil, und die Tatsache, dass es auf einem Upbeat gespielt wird, trägt ebenfalls dazu bei, dass es sich einfügt!

Im zweiten Takt, nach den aufsteigenden Quinten, besteht der Schluss aus einer einfachen Melodie mit einigen Ganztonschritten, die auf der Quinte endet.

Beispiel 4g – *Half Baked*

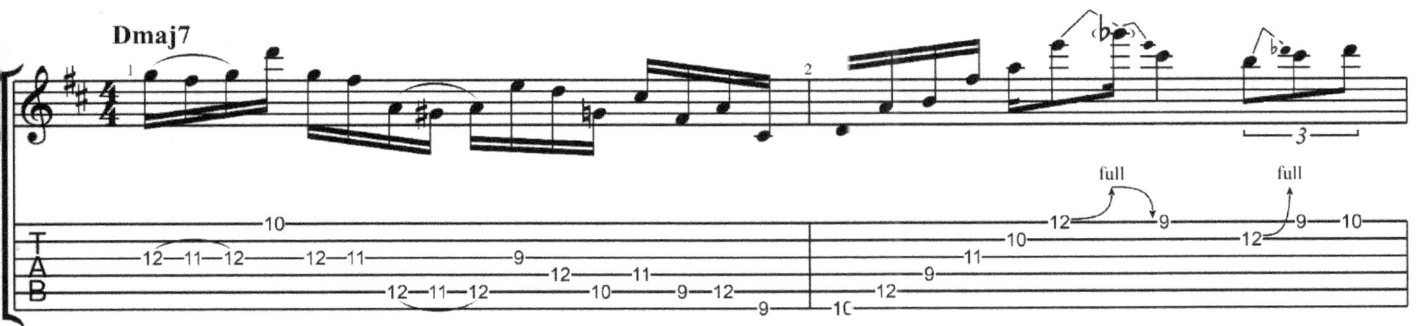

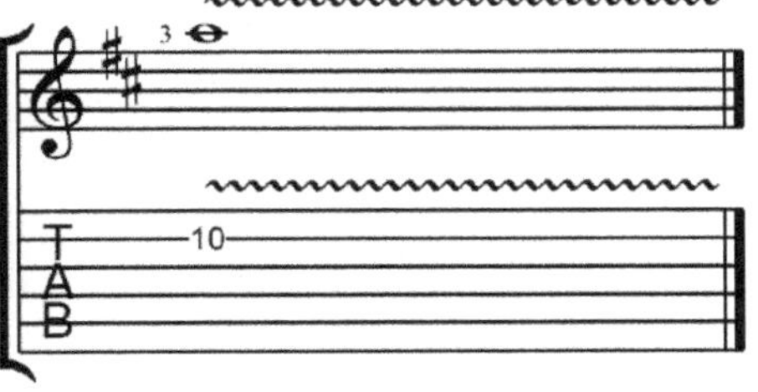

Das nächste Lick springt von der A- über die G- zur hohen E-Saite, was eine ungewöhnliche Spanne bedeutet, die sich über fünf Bünde vom 5. bis zum 9. erstreckt.

Wenn dir das zu viel ist, verschiebe nach dem D auf der A-Saite im 5. Bund die Position deiner Greifhand leicht nach vorne, bevor du mit dem vierten Finger das F# im 9. Bund spielst.

Dieses Lick wird hauptsächlich mit Terzen und Sexten betrieben.

Beispiel 4h - *Jumpy Dude*

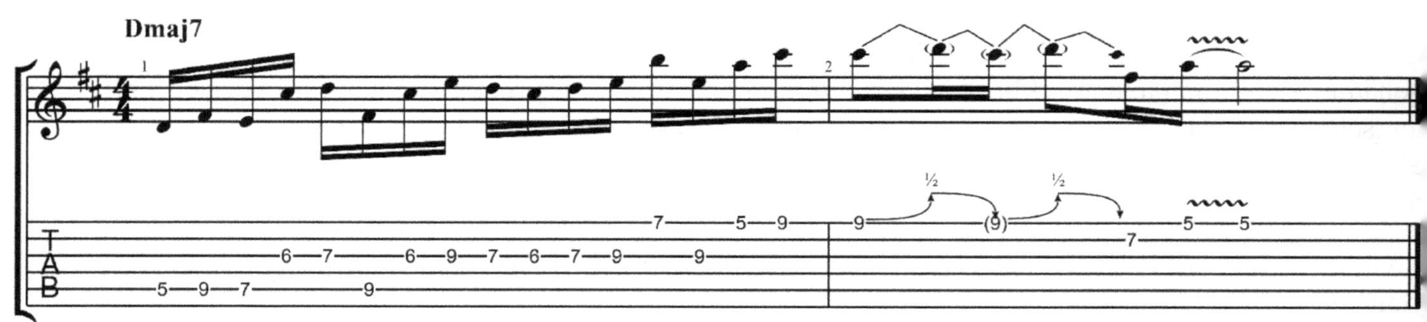

Das nächste Beispiel basiert auf Sexten und funktioniert gut über einen D6-, DMaj9- oder DMaj7-Akkord.

Deine Greifhand sollte ein bisschen wie eine Spinne aussehen, wenn du diese Linie auf die ökonomischste Weise spielst. Lasse deine Greifhand über der siebten Position schweben und strecke den vierten Finger, um die Noten im zehnten Bund zu erreichen.

Die Idee ist, eine Sequenz von sechs Tonleiternoten zu spielen, die zweimal wiederholt wird. Die Verwendung von Sechsergruppen statt der erwarteten Vierer- oder Achtergruppen macht das Lick rhythmisch interessanter und verleiht ihm eine Art Vorwärtsbewegung.

Beispiel 4i - *Sixy Spider Sequel*

Du kannst ganze Passagen natürlich nicht nur mit einer einzigen Intervallart spielen, sondern sie auch mischen und in kleineren Gruppen kombinieren, wie ich es hier tue. Dieses Lick beginnt mit der Kombination von Intervallen, beginnend mit einer reinen Quinte, gefolgt von einer Quarte und dann wieder einer Quinte.

Am Ende der aufsteigenden Phrase folgt ein DMaj7-Arpeggio. Obwohl die Noten nicht in Reihenfolge gespielt werden, wird es dir leichter fallen, diese Phrase zu spielen, wenn du dir eine DMaj7-Akkordform auf den oberen vier Saiten vorstellst, mit deinem ersten Finger auf der hohen E-Saite im 9. Bund. Weise jeder Note den entsprechenden Finger zu, als ob du diesen Akkord spielen würdest, und ende mit dem vierten Finger auf dem D im 12. Bund.

ür das darauf folgende F# springst du mit dem ersten Finger rüber, um es zu spielen, und das restliche Lick ollte auf logische Weise unter deine Finger fallen.

Bei jeder Phrase ist es wichtig, die Fingersätze ein oder zwei Noten im Voraus zu kennen, damit man nicht in Schwierigkeiten gerät.

Beispiel 4j - *5 Fo' 5*

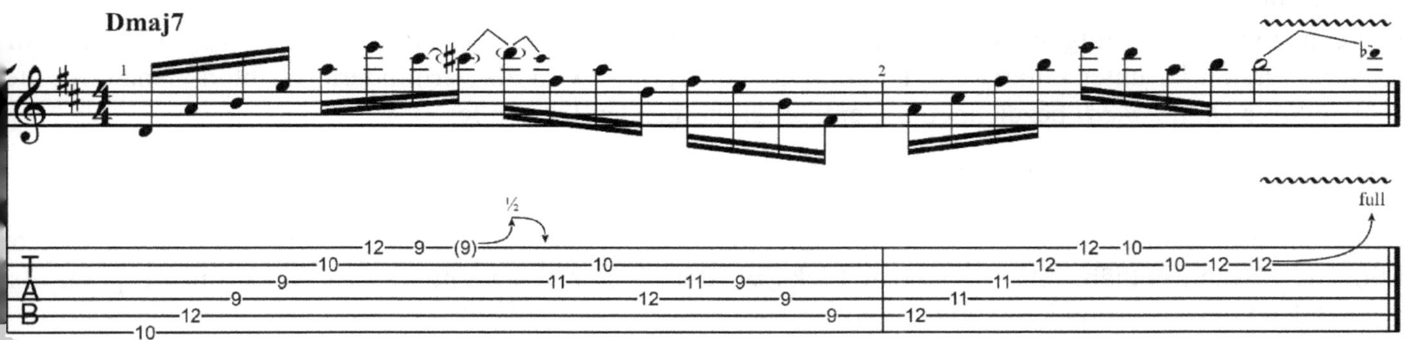

Hier ist das letzte D-Ionisch-Lick in diesem Kapitel. Ich habe es *Ann Drogyny* genannt, weil es über zwei verschiedene Akkorde funktionieren kann.

Die Idee stammt von der pentatonischen D-Dur-Tonleiter, aber es gibt keine Septime. Daher kann sie problemlos über einen D7- oder DMaj7-Akkord gespielt werden.

Sie beginnt mit einem Aufstieg der Tonleiter in Quarten. Behalte deinen ersten Finger die ganze Zeit über in der dritten Position.

Beispiel 4k - *Ann Drogyny*

Kapitel Fünf - Verminderte Licks

Über die verminderte Skala

Die verminderte Skala wird im modernen Rockgitarrenspiel effektvoll eingesetzt, deshalb wollte ich ei Kapitel mit einigen meiner Ideen für verminderte Licks einfügen, die du ausprobieren kannst.

Die verminderte Tonleiter ist eine *symmetrische Tonleiter*, d. h. sie ist aus einem sich wiederholende Intervallmuster aufgebaut. In diesem Fall wird die verminderte Tonleiter abwechselnd aus Halbtonschritte und Ganztonschritten aufgebaut. Du kannst die Skala mit einem Ganz- oder Halbtonschritt beginnen, aber di letztere Version ist unter Gitarristen die gebräuchlichere und wird als verminderte Halbton-Ganzton-Leite *(Half-Whole Diminished)* bezeichnet. Sie enthält die folgenden Intervalle:

Grundton, b9, #9, 3, #11, 5, 13, b7

Schon an diesen Intervallen kann man erkennen, dass die Skala einige ziemlich spannungsreiche, dunke klingende Noten enthält. Alle folgenden Licks werden über einen verminderten A-Akkord gespielt, als verwenden wir die verminderte Skala in A.

Die verminderte Halbton-Ganzton-Leiter enthält die Noten: A, Bb, C, C#, D#, E, F#, G

Hier sind die Boxen für diese Tonleiter mit den Grundtönen auf der tiefen E- und A-Saite.

Erstens, die Form mit dem Grundton auf der E-Saite in der fünften Position.

A Half-Whole Diminished

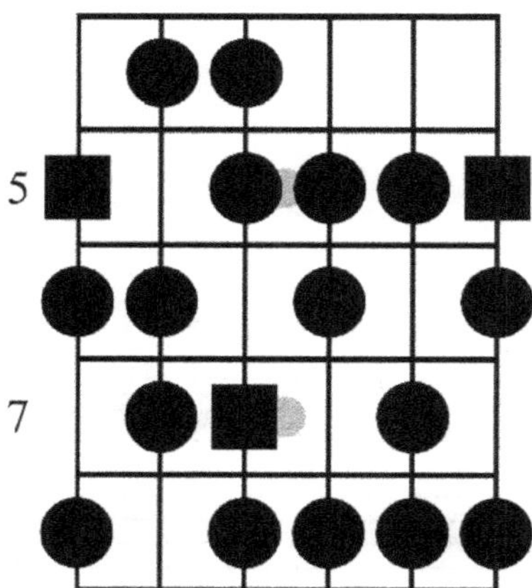

Und hier ist die Form mit dem Grundton auf der A-Saite.

A Half-Whole Diminished

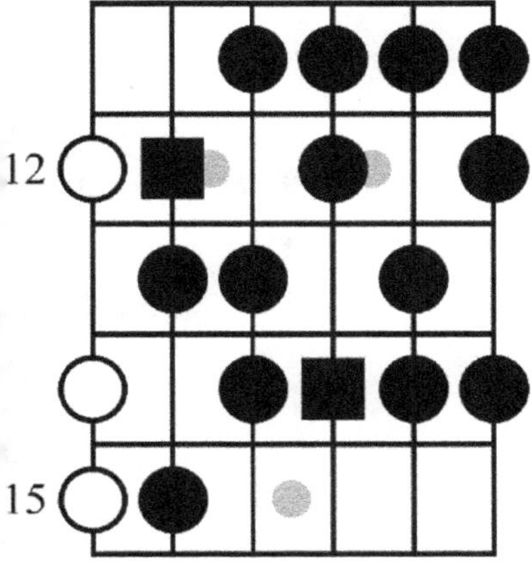

Wie immer habe ich die verfügbaren Skalentöne auf der tiefen E-Saite mit hohlen Kreisen gekennzeichnet, aber es ist am besten, diese Muster vom Grundton aus zu lernen, um deine Ohren zu schulen und zu erkennen, wie jedes Skalenintervall mit dem Grundton zusammenhängt.

Wegen der symmetrischen Natur dieser Skala lohnt es sich auch, das folgende Muster für den Auf- und Abstieg zu üben.

Diese Tonleiter lässt sich leicht merken, weil sie auf jeder Saite genau das gleiche Notenmuster hat, und sie ist auch nützlich, um verminderte Läufe zu spielen, die schnell den Hals hinaufführen. Der Vollständigkeit halber habe ich das hohe A auf der obersten Saite hinzugefügt.

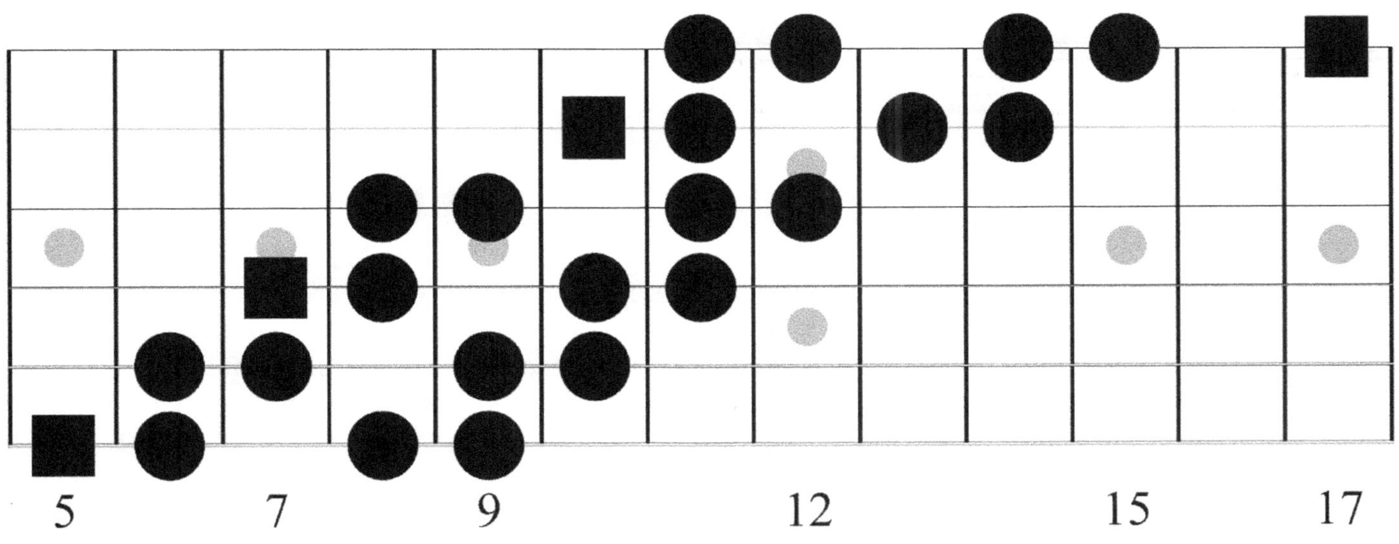

Du kannst dieses Muster am effizientesten mit einem Positionsslide spielen. Spiele die erste Note auf jeder Saite mit dem ersten Finger und gleite dann sofort einen Bund nach oben, um die zweite Note ebenfalls mit dem ersten Finger zu spielen.

Greife die restlichen Noten wie gewohnt.

Führe den Zeigefingerslide auf *jeder* Saite aus. Übe diese kleine, sparsame Bewegung, und schon bald wirst du das Muster schnell aufwärts spielen können.

Um das Muster abwärts zu spielen, spiele die höchste Note auf jeder Saite mit dem vierten Finger, die nächste Note mit dem dritten Finger, die nächste mit dem ersten Finger und gleiten dann einen Bund nach unten, um die letzte Note des Musters ebenfalls mit dem ersten Finger zu spielen.

Bevor wir zu den Licks kommen, wollen wir die verminderte Tonleiter in A mit ein paar Intervallübungen üben. Diesmal spielen wir sie in Terzen, Quarten und Sexten durch.

Spiele zunächst die Tonleiter in Terz-Schritten durch. Normalerweise erzeugt das Spielen in Terzen einen recht stabilen Klang, aber wenn wir sie auf die böse klingende verminderte Tonleiter anwenden, wirst du feststellen, dass sie so klingt, als würde sie sich nie wirklich auflösen.

Beispiel 5a

Versuchen wir es nun mit den Quarten.

Aufgrund des ungewöhnlichen Aufbaus der verminderten Tonleiter ist es nicht so einfach vorherzusagen, wo die Quarten auf dem Griffbrett liegen werden. Deshalb sind Übungen wie diese hier so wichtig - es gibt keinen Ersatz für das Üben der Tonleiter und das Verinnerlichen des *Klangs* ihrer Intervalle, so dass deine Ohren dir sagen können, ob du sie richtig spielst.

Beispiel 5b

Spiele nun die Tonleiter in Sexten durch.

Beispiel 5c

Beim Üben kann man mit dieser Tonleiter so kreativ sein, wie man will, und es lohnt sich, wiederkehrende Muster zu üben, die den Charakter der Tonleiter noch besser ins Ohr einprägen.

Die folgende Übung verwendet die Tonleiterform mit dem Grundton auf der A-Saite und beginnt mit der D#-Note auf der ersten Saite im 11. Bund. Jede Note des Tonleitermusters wird zweimal als eine Art Pedalton gespielt. Im siebten Takt bricht das Muster ab, wenn wir den Grundton A erreichen, und die Übung wird so am Ende aufgelöst.

Experimentiere mit der Skala und schaue, ob du ähnliche Muster erstellen kannst.

Beispiel 5d

Jetzt wollen wir sehen, wie wir die verminderten Ideen in einige coole Licks einbauen können.

Das Besondere an der symmetrischen Anordnung der verminderten Skala ist die Tatsache, dass sich das Muster in kleinen Terzen (alle vier Bünde) auf dem Griffbrett wiederholt.

Das bedeutet, dass die verminderte Tonleiter in A dieselben Noten enthält wie die verminderte Tonleiter in C (C ist eine kleine Terz über A), die verminderte Tonleiter in Eb und die verminderte Tonleiter in Gb!

Sie enthalten alle die gleichen Noten, sie haben nur unterschiedliche Ausgangspunkte.

Das bedeutet für uns zwei Dinge:

1. Wir können die untenstehenden verminderten Licks in A über vier verschiedene verminderte Akkorde (A, C, D# und F#) spielen und sie werden funktionieren.

2. Wir können verminderte Licks erzeugen, indem wir eine Phrase spielen und sie auf dem Griffbrett in kleinen Terzen bewegen.

In diesem ersten Lick spiele ich die Tonleiter in Sexten, während sie auf zwei verschiedenen Saiten das Griffbrett hinaufgleitet.

Die Linie endet mit einem Bend von einer kleinen Terz. (Du kannst jede Note dieser Skala immer um eine kleine Terz nach oben benden).

Beispiel 5e – *Slippery Slope*

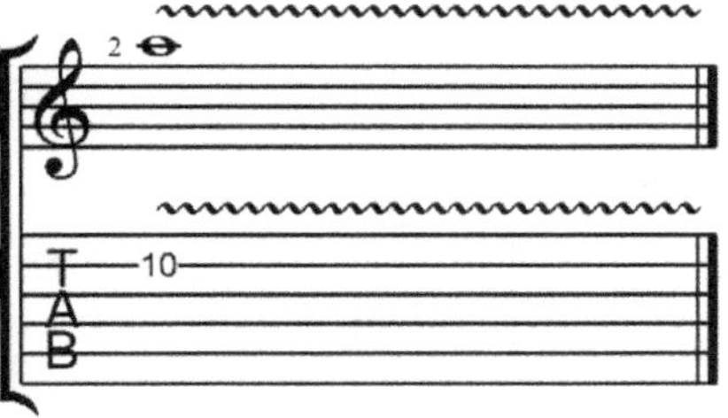

Alle verminderten Licks klingen angespannt - das ist ihr Job! Wir haben bereits gelernt, dass ein vermindertes Lick erfolgreich über vier verschiedene verminderte Akkorde funktionieren kann, aber ich möchte hier auch den Gedanken einfließen lassen, dass verminderte Licks gut über Dominant-7-Akkorde funktionieren.

Der Backing Track für dieses Kapitel ist ein verminderter A-Akkord-Vamp, aber künftig kannst du diese Licks auch mit einem A7-Akkord üben.

Aha…und warum funktioniert das?

Erinnern wir uns an die Töne der Skala.

Die verminderte Halbton-Ganzton-Leiter enthält die Noten: A, Bb, C, C#, D#, E, F#, G

Ein A7-Akkord besteht aus A (Grundton), C# (3), E (5), G (b7)

Beachte, dass jeder Akkordton in der Skala enthalten ist. Über einem A7-Akkord gespielt, werden die anderen Töne der Skala zu erweiterten oder alterierten Tönen, wie in der Tabelle unten angegeben.

A	Bb	C	**C#**	D#	**E**	F#	**G**
Grundton	b9	#9	3	b5 oder #11	5	13	b7

Aber weißt du was? Es geht noch tiefer in den Kaninchenbau.

So wie unsere verminderten Licks in A über vier verminderte Akkorde funktionieren, funktionieren sie auch über vier Dominant-Akkorde.

Du kannst den A7-Akkord auch in kleinen Terzen bewegen (A7, C7, D#7, F#7). Alle Noten dieser vier Dominantakkorde sind in der verminderten Tonleiter in A enthalten.

OK, dies ist kein Buch über das Solospiel mit der verminderten Skala, daher genügt es wohl zu sagen, dass man mit dieser Tonleiter eine Menge anstellen kann! Wenn du entweder einen reinen verminderten oder einen alterierten Dominant-Sound erzeugen willst, ist dies die ultimative Skala, um Licks zu recyceln. Probiere einige dieser Ideen in deinen Übungsstunden aus.

Hier ist eine weitere verminderte Linie, die sich diagonal über das Griffbrett nach oben bewegt. Auf jeder Saite greife ich die erste Note mit dem ersten Finger und slide dann zur zweiten Note.

Achte darauf, wie sich das Muster optisch verändert, wenn es über die G- und B-Saiten gespielt wird, bevor es auf den oberen beiden Saiten wieder normal wird. Das Lick endet mit einem weiteren kleinen Terzbend.

Beispiel 5f - *Weirdo*

Für die nächste Linie klettere ich ein vermindertes A#-7-Arpeggio aufwärts, und wenn ich die Arpeggio-Noten nicht sequenziell spiele, bedeutet das, dass es in b5-Intervallen aufsteigt.

Zu Beginn von Takt zwei haben wir ein etwas unkonventionelles „adaptiertes“ Blues-Lick auf der hohen E-Saite. Hier wird das D am 10. Bund einen Halbtonschritt nach oben zu D# gebeugt, dann aber losgelassen und die D#-Note wird normal gespielt, bevor es nach C geht.

Normalerweise wäre es naheliegend, den Bend zu lösen und von D auf C zu spielen, aber das D ist nicht im Arpeggio/der Tonleiter enthalten, also müssen wir dieses bluesige Standard-Lick an die verminderte Tonleiter anpassen.

Ich spiele einen ähnlichen Unisono-Bend auf der B-Saite, von G# nach A, aber das G# ist nicht wirklich zu hören, da ich die Note A betonen möchte.

Ich mache das Gleiche noch einmal auf der G-Saite, indem ich das F am 10. Bund zu einem F# beuge. Das F gehört ebenfalls nicht zur verminderten Tonleiter in A, und hier wird es nur als Effekt verwendet - um von einem „outside“ (dissonanten) zu einem „inside“ (aufgelösten) Klang zu kommen.

Beispiel 5g - *Flat 5th of Jack*

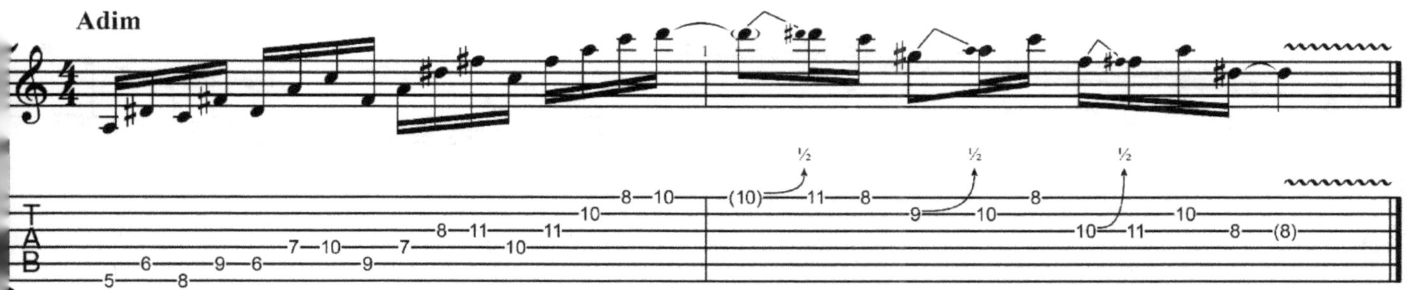

Ich nenne das folgende zweihändige verminderte Arpeggio-Tapping-Lick *Dudley Do-Right*.

Wenn du diesen Zeichentrick-Klassiker noch nie gesehen hast, solltest du ihn dir auf YouTube ansehen. Jedes Mal, wenn die Heldin an die Gleise gefesselt wird, hört man den verminderten Sound!

Lass mich dieses Lick für dich aufschlüsseln. Es beginnt mit einer achtstimmigen Phrase. Die ersten vier Noten geben das verminderte Arpeggio vor.

Die ersten beiden Töne (5. und 8. Bund) werden mit der Greifhand (erster Finger, dann vierter Finger) gespielt.

Die zweiten beiden Noten (11. und 14. Bund) werden mit der Spielhand (erster Finger, dann vierter Finger) angeschlagen.

Die nächsten vier Noten sind dann einfach eine Wiederholung der letzten beiden Noten des Arpeggios, gespielt auf verschiedenen Saiten.

Als Nächstes springe ich auf die A-Saite, wo ich das vierstimmige verminderte Arpeggio spiele, aber dann wieder mit dem gerade beschriebenen Muster beginne. Diese Verdoppelung der Arpeggio-Noten hilft, die Linie vorwärts fließen zu lassen und gibt ihr Schwung.

Ein Tipp, den ich hier weitergeben möchte, ist, dass ich meinen Daumen immer auf der Oberseite des Halses liegen lasse, wenn ich eine solche Linie mit Tapping spiele. Das schafft Stabilität in der Greifhand und ist viel besser, als wenn man die Hand frei über dem Griffbrett schweben lässt. Der Daumen dient auch als Hilfe, wenn du den Hals auf und ab gleitest. Auf diese Weise kannst du jedes Mal sauber und präzise tappen.

Wenn du daran interessiert bist, deine Tapping-Technik weiterzuentwickeln, solltest du dir vielleicht auch einen Saitendämpfer zulegen, um die offenen Saiten ruhig zu halten. Den, den ich benutze, kannst du direkt in meinem Webshop unter **www.jenniferbatten.com/product/string-dampers/** kaufen.

Beispiel 5h - *Dudley Do-Right*

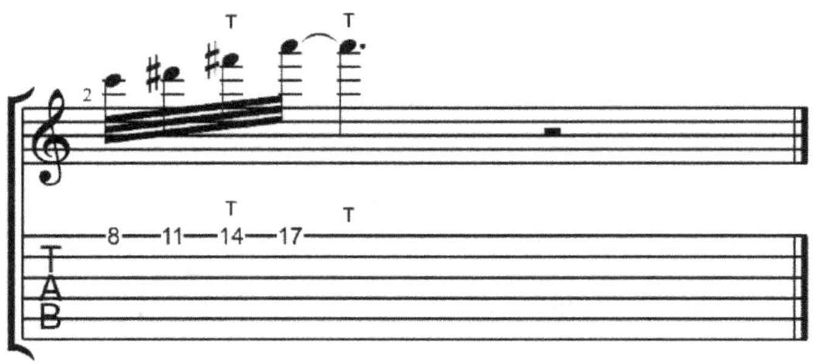

Die nächste Linie basiert auf großen Sext-Intervallen. Im ersten Takt spiele ich vom Grundton eine große Sexte darüber, slide dann einen Halbtonschritt nach oben und spiele dann eine große Sechste darunter. Dann springe ich eine reine Quarte auf die nächste Saite und wiederhole das Muster. In der dritten Sequenz wird das Muster unterbrochen und aufgelöst.

Der Fingersatz ist hier wichtig. Die ersten beiden vierstimmigen Phrasen werden mit dem ersten und zweiten Finger gespielt. Wenn du die dritte Vierergruppe spielst, spiele die erste Note mit dem zweiten Finger und die nächste mit dem dritten Finger.

Damit bereitest du die Greifhand auf den nächsten Schritt vor. Slide einen Halbtonschritt nach oben und rolle dann auf die erste Saite, um das C im 8. Bund zu spielen. Nachdem diese Note gespielt ist, springt der erste Finger zurück auf die B-Saite, um den Halbtonbend am 7. Bund auszuführen.

Beispiel 5i – *Steady Climber*

Die folgende Idee enthält einige monströse Bends in kleinen Terzen, die in verminderte Arpeggio-Sweeps münden.

Die Bends werden schnell gespielt, achte also darauf, dass du genau bist und sie vollständig ausführst. Nach dem ersten Bend wird das Arpeggio gespielt, indem man über die Saiten nach oben zieht. Diese Idee wird auf der benachbarten Saite wiederholt.

Das Lick endet mit verminderten Skalentönen. Du kannst diese mit ordentlich Vibrato versehen und das Ganze mit viel Gefühl und Selbstbewusstsein spielen.

Beispiel 5j - *Big Bad Bend*

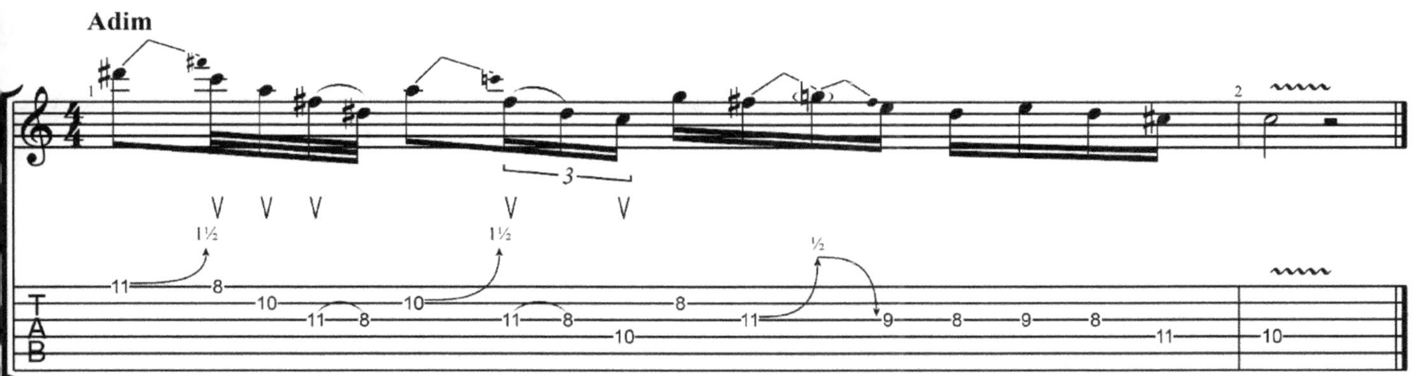

Sechstes Kapitel - Moll-Pentatonik-Licks

Über die Pentatonische Skala

Die Moll-Pentatonik ist die Tonleiter, die die meisten Gitarristen lernen, wenn sie mit dem Spielen beginnen. Manche Spieler bleiben sogar noch Jahre später dabei! Aber die pentatonische Tonleiter hat viel mehr zu bieten als die klischeehaften Blues-Licks, die jeder kennt. Wir können sie auch verwenden, um einige coole intervallische Licks zu kreieren und die Dinge aufzupeppen, so dass es nicht nach Routine klingt.

In diesem Kapitel werden wir über einen A-Moll-Vamp spielen und die A-Moll-Pentatonik verwenden.

Eine Moll-Pentatonik enthält die Noten: A, C, D, E, G

Es ist am besten, diese Tonleiter zunächst in fünf verschiedenen Formen zu lernen - was im Vergleich zu anderen Tonleitern einfacher ist, da sie nur fünf Noten hat. Das Ziel ist es, mit den Formen zu arbeiten, so dass du schließlich nahtlos von einer zur nächsten übergehen und den gesamten Bereich des Griffbretts abdecken kannst.

Zu deiner Information, hier sind die fünf Formen:

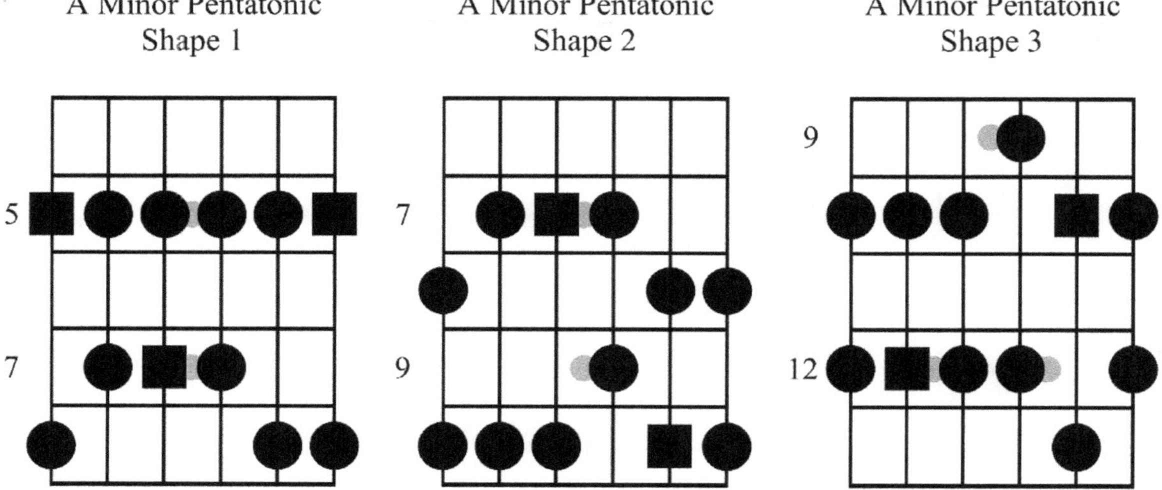

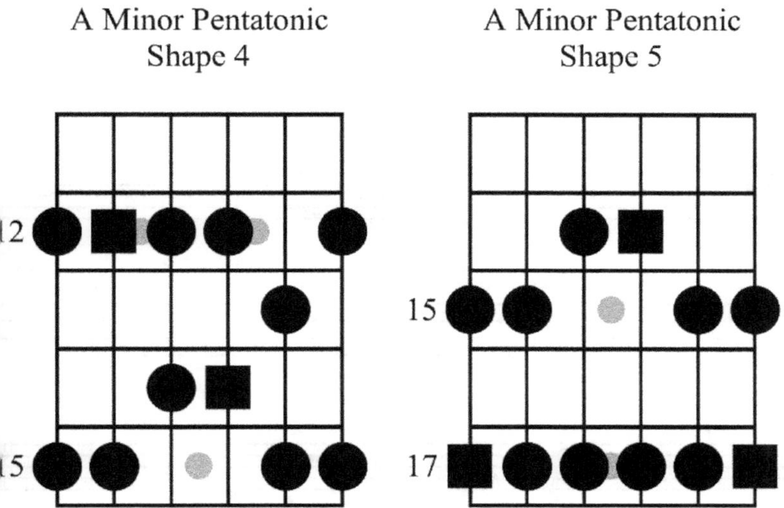

n den folgenden Licks verwende ich Quarten und Quinten, lass uns diese Intervalle also mit Form 1 der Skala iben.

Spiele zunächst die A-Moll-Pentatonik mit Quarten durch (d. h. wir spielen den ersten Ton der Skala, dann den ıächsten Ton der Skala eine Quarte darüber usw.).

Beispiel 6a

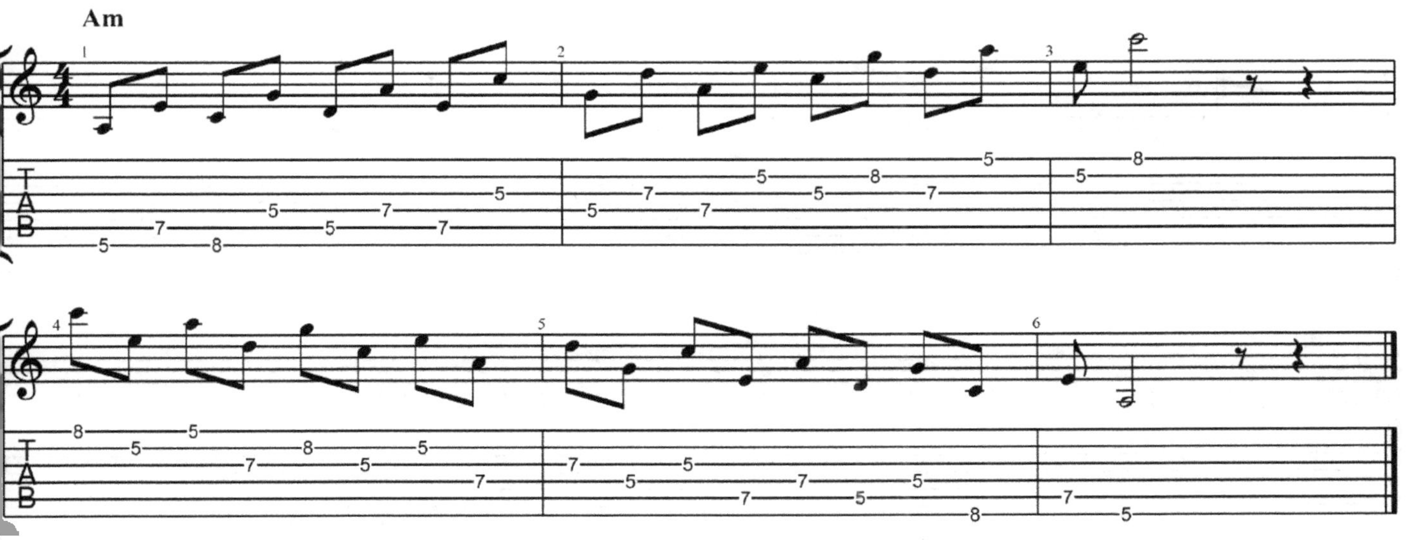

Wir können die Tonleiter auch mit Intervallen der reinen Quarte (wenn sie verfügbar sind) und der großen Terz (wenn sie nicht verfügbar sind) spielen. Wenn du dir das Audiobeispiel zu dieser Übung anhörst, wirst du sicher zustimmen, dass man nicht sofort denkt: „Das ist doch die Moll-Pentatonik!“

Beispiel 6b

Spiele als Nächstes Form 1 der Tonleiter in Quinten durch. Du kannst diese Intervallübungen natürlich auf alle fünf Formen anwenden, wenn du sie festigen willst.

Beispiel 6c

Schauen wir uns nun ein paar der pentatonischen Ideen an, die ich in meinem Spiel verwende.

Wir haben bereits herausgefunden, dass die Verwendung breiterer Intervalle eine großartige Möglichkeit ist, dein Spiel zu öffnen und es weniger vorhersehbar zu machen, und dieses Lick erreicht dieses Ziel mit einer Saitensprung-Idee.

Es basiert auf der bekannten Form 1 der A-Moll-Pentatonik, aber das Überspringen der Saiten hilft, diese Tatsache zu verschleiern und verleiht der Linie etwas Bewegung.

Es handelt sich um eine Tonleiter-Sequenz, wie du sie vielleicht schon spielst, aber sie hüpft jedes Mal über eine Saite, um ein paar Sprünge zu erzeugen.

Im zweiten Takt gehe ich dem Unisono-Halbtonbend am 7. Bund mit einem gegriffenen C voraus und bende dann wieder hoch. Das Lick endet mit einem Ganztonbend zum Grundton.

Beispiel 6d - *Skippit*

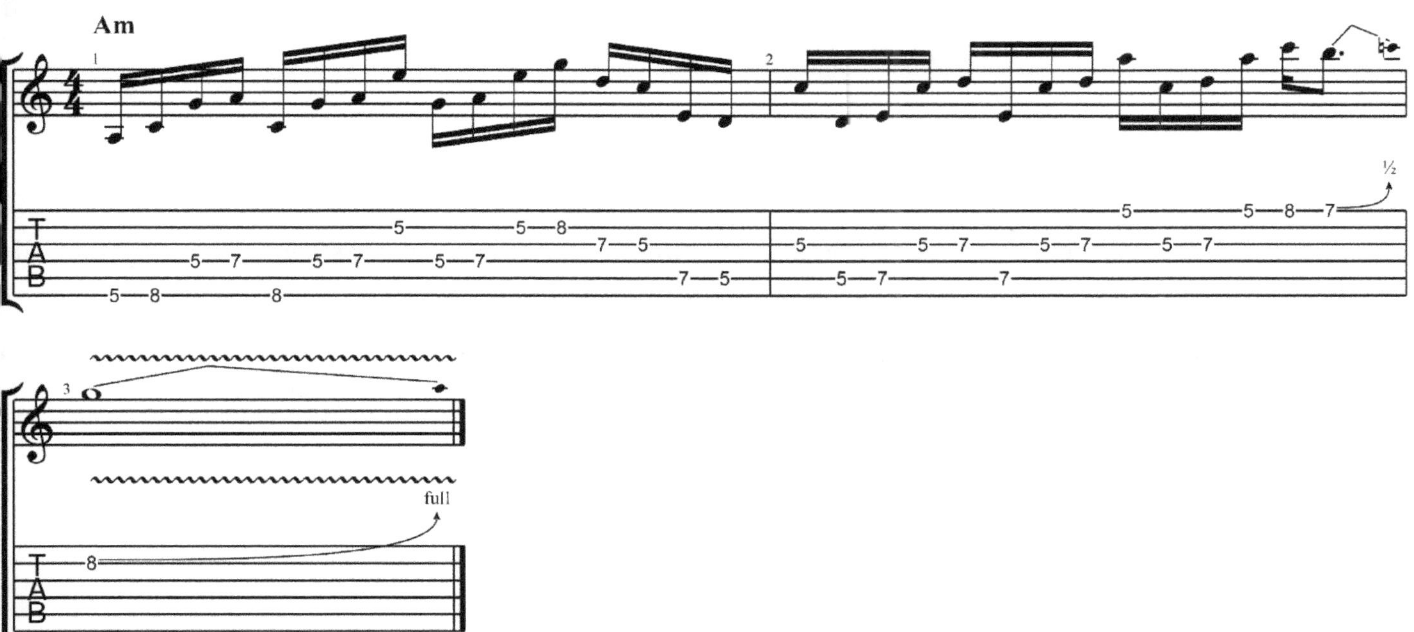

Hier ist eine weitere Idee zum Überspringen von Saiten. Diese Zeile verwendet die Form 4 der A-Moll-Pentatonik am 12. Bund. Ich überspringe die Saiten auf dem Weg von unten nach oben und kehre zurück, um eine Note auf der ausgelassenen Saite zu spielen.

Dann folgt ein Ganztonbend, gefolgt von einem Unisono-Bend, nach dem die Linie in reinen Quarten absteigt und mit einem Arpeggio in A-Moll endet.

Spiele diese Linie durchgängig mit Ab-Auf-Wechselschlag. Ich spiele dieses Lick auch mit getrennten Fingern, um es sauberer zu machen, außer in der letzten Phrase, wo ich einen Roll mit dem ersten Finger für die Quarten am 12. Bund spiele.

Beispiel 6e - *Jumper*

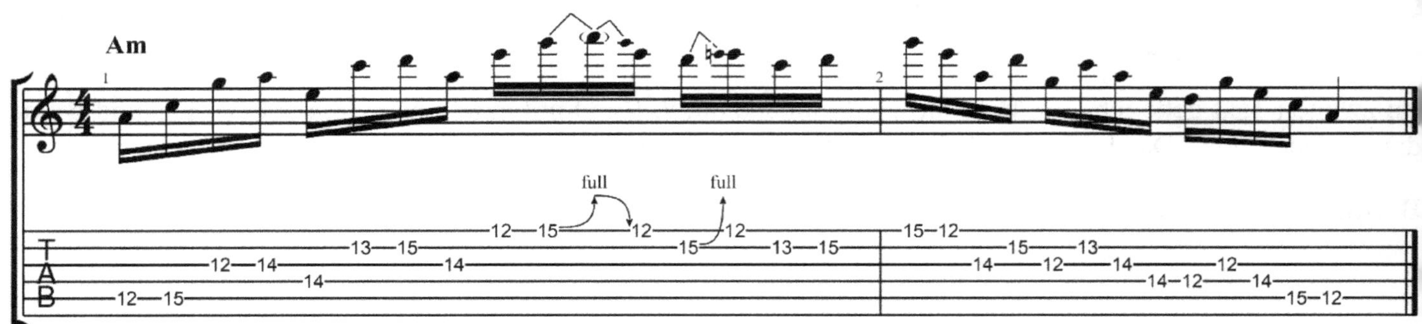

Das nächste Lick ist um Quint-Intervalle aufgebaut. Es steigt in Quinten ab, um sich über den Hals von der obersten Saite zur untersten zu bewegen, dann verwende ich eine Reihe von Bends, um wieder aufzusteigen.

Dieses Lick verwendet die Form 1 der Pentatonik, die uns so vertraut ist, aber es kann schwierig sein, die Quinten sauber und schnell zu spielen. Ich spiele dieses Lick mit kontinuierlichem Wechselschlag.

Auf dem Weg zurück nach oben gibt es zwei Halbtonbends, gefolgt von einem Ganztonbend, die alle unisono sind. Am Ende des Licks gibt es einen weiteren Halbtonbend von F# nach G. F# gehört nicht zur A-Moll-Pentatonik - es ist ein kleines Outside-Inside-Lick.

Beispiel 6f - *Gimme Five*

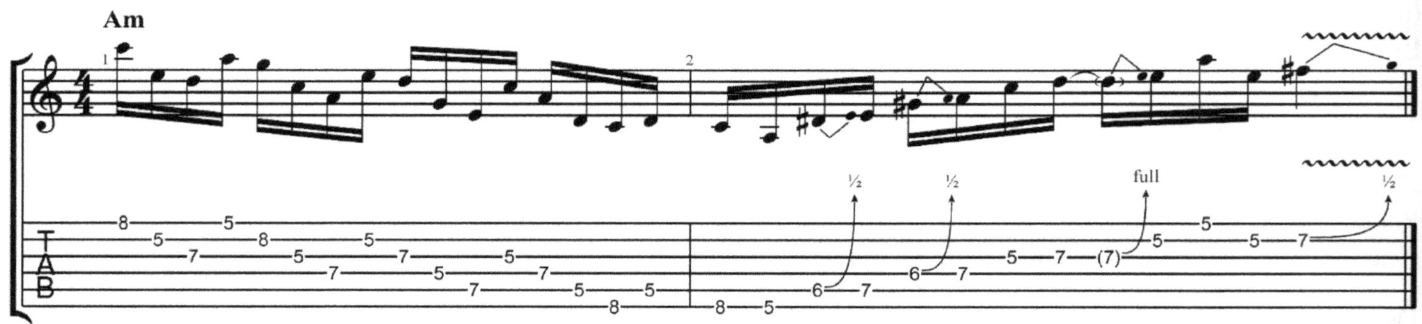

Das nächste Lick verwendet meine Lieblingsform 1-5-9, und im ersten Takt benutze ich sie, um mich über die Saitensätze zu bewegen.

Ich spiele diese Form immer mit dem ersten, zweiten und vierten Finger, und obwohl es in den unteren Lagen ein bisschen anstrengend ist, ist es immer noch die beste Art, sie zu greifen.

In der dritten Figur unterbreche ich die 1-5-9-Form und spiele 1-5-1 (wie ein Powerchord). Dann geht es darum, mit der gleichen Form abzusteigen.

Wenn ich Ideen habe, sehe ich oft zuerst die Formen, und die Musik kommt erst danach. Mit anderen Worten: Ich experimentiere mit einer bestimmten Form oder einem bestimmten Intervallmuster, und wenn mir das musikalische Ergebnis gefällt, behalte ich die Idee bei. Das ist einfach eine weitere kreative Arbeitsweise, die uns hilft, von vorhersehbaren Skalenläufen wegzukommen.

Der Schluss verwendet reine Quarten innerhalb der pentatonischen Skala und endet auf dem Grundton. Der erste Finger der Greifhand muss rollen (statt einen Barré zu halten), um diese Cluster von Quarten sauber und getrennt voneinander spielen zu können.

Diese Zeile ist schwieriger zu spielen, als sie auf dem Papier erscheint, daher empfehle ich, sie zunächst langsam durchzugehen, um sicherzustellen, dass dein Fingersatz ökonomisch ist.

Beispiel 6g - *Symmetry*

Beispiel 6h ist ein spaßiges Lick. Der Abstieg enthält ein paar knifflige Bewegungen, bei denen ich Quart-Intervalle in Dreiergruppen spiele.

Ich spiele eine Quarte abwärts, dann eine große Terz, dann spiele ich eine Reihe von Quarten auf verschiedenen Saiten im selben Bund.

Anstatt den Finger abzurollen, benutze ich dieses Mal separate Finger für jeder Saite, um es sauber zu spielen. Außerdem behalte ich meine Finger für diesen Teil des Licks an Ort und Stelle, so dass ich sofort zum nächsten Teil hinuntersliden kann und alle Finger korrekt in Position habe.

Als nächstes kommt ein Am7-Sweep. Ich spiele das einleitende G mit einem Abwärtsschlag des Plektrums, dann sweepe ich aufwärts durch die Saiten, beginnend mit dem erneuten Anschlagen des G.

Es folgen einige weitere Quart-Intervalle, dann ein weiterer Sweep. Diesmal handelt es sich um ein abwärts gesweeptes A-Moll-Arpeggio, und das Ende des Sweeps geht sofort über in eine Halbtonbend von B nach C auf der ersten Saite im 7. Bund.

Beispiel 6h - *Go Sweep the Four*

Hier ist eine letzte pentatonische Idee für dich.

Dieses Lick ist etwas schwieriger zu spielen, da sowohl die Greif- als auch die Zupfhand ordentlic umherspringen muss.

Man kann sich eine pentatonische Tonleiter so vorstellen, dass sie eine linke und eine rechte Seite hat, und hie gehe ich die linke Seite in der fünften Position hinunter, den ganzen Weg von der hohen bis zu tiefen E-Saite und steige dann aufwärts, indem ich auf der rechten Seite Saiten überspringe.

Anstatt versucht zu sein, den ersten Finger über die Saiten zu rollen, ist es viel sauberer, jede Note einzeln z greifen, aber das erfordert eine gewisse Greifhand-Gymnastik. Für die Anfangsphrase von Takt eins ist es an besten, alle vier Finger zu benutzen, einen pro Note.

Spiele also das A auf der hohen E-Saite mit dem vierten Finger, die nächste Note mit dem dritten Finger, di nächste Note mit dem zweiten Finger und die letzte Note mit dem ersten Finger.

Dann fängst du auf der B-Saite an und machst das Gleiche, und dann wieder von der G-Saite aus.

Es bedarf vielleicht einiger Übung, bis das reibungslos funktioniert, aber ich verspreche dir, es ist der best Weg!

Jetzt gehen wir auf die rechte Seite des Paralleluniversums, aber hier überspringe ich Saiten. Für den nächste Teil musst du deinen Fingersatz mehrmals anpassen.

Beginne mit dem C auf der tiefen E-Saite, 8. Bund, in der letzten Gruppe von vier Noten am Ende von Tak eins. Spiele das C mit dem vierten Finger und das A mit dem dritten.

Als Nächstes spielst du das E mit deinem zweiten Finger und das D mit deinem dritten.

Für die nächste vierstimmige Phrase, die den zweiten Takt eröffnet, verwendest du die Finger zwei und vie beide Male.

Gehe es langsam an und übe die Fingersatzwechsel, bevor du richtig mit dem Lick beginnst.

Die Linie schließt mit einigen bluesigen Bends und endet auf der 4. Stufe, was den Sound gewissermaßen i einem Schwebezustand hält.

Beispiel 6i – *Parallel Universe*

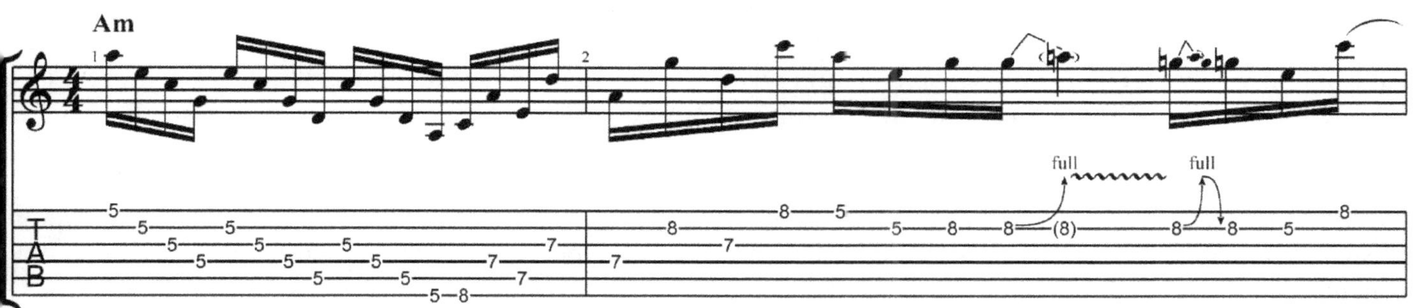

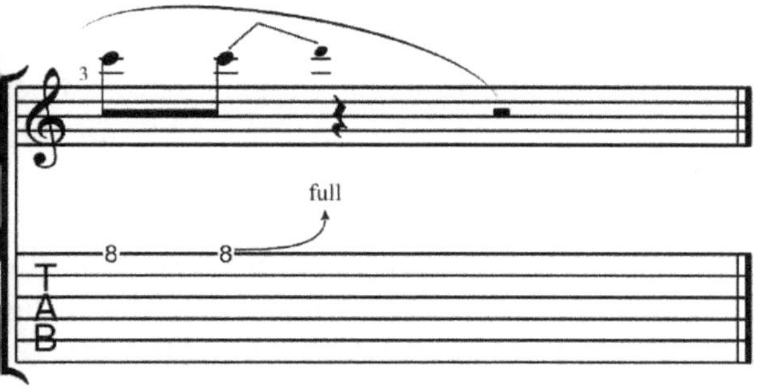

Kapitel Sieben - Blues Turnaround Licks

Im ersten Kapitel haben wir eine Reihe von Licks behandelt, die du über Dominant-7-Akkorde spielen kannst. Du kannst diese Licks über jeden beliebigen Dominantsept in einer anderen Tonart transponieren und sie natürlich in verschiedenen Oktaven spielen, um das Beste aus dem Material herauszuholen. Wir wissen, dass eine typische Blues-Progression mit drei Dominant-7-Akkorden gespielt wird. Wenn du also diese Ideen umsetzt, hast du ein cooles intervallisches Vokabular, das du in einem Blues-Setting verwenden kannst.

Es lohnt sich aber auch, zusätzliches melodisches Vokabular für den Turnaround eines Blues zu haben, da er sich in schneller Folge von Akkord V zu IV zu I bewegt - und genau das werden wir in diesem Kapitel behandeln, indem ich dir ein paar meiner Ideen zeige.

Die Licks hier sind für einen Blues in G-Dur, die Turnaround-Sequenz ist also D7 - C7 - G7.

Das erste Lick beginnt mit einigen Quint-Intervallen über dem D7-Akkord, die in der neunten Position über das Griffbrett springen. Nach den Quinten hörst du eine Standard-Rock-'n'-Roll-Bewegung - eine kleine Terz zur großen Terz, dann eine Quinte zum Grundton.

Wenn die Progression zu C7 wechselt, wirst du feststellen, dass deine Greifhand einen Bund nach oben in die zehnte Position geklettert ist, bleibe also dort für die Dauer dieses Taktes. Dieser Ansatz zwingt dich dazu, das Griffbrett besser kennenzulernen, anstatt für die IV-Akkordideen immer einen Ganztonschritt nach unten zu gehen.

Der C7-Teil basiert auf diatonischen Sext-Intervallen, und deine Hand muss dafür ziemlich spinnenartig sein. Es ist ein bisschen schwierig, und du musst deinen Zeigefinger von der hohen E-Saite zur G-Saite rollen, um die fünfte und sechste Note der Phrase zu spielen.

Der ganze Phrase wird mit Ab-Auf-Wechselschlag gespielt.

Beispiel 7a – *Six to my Stomach*

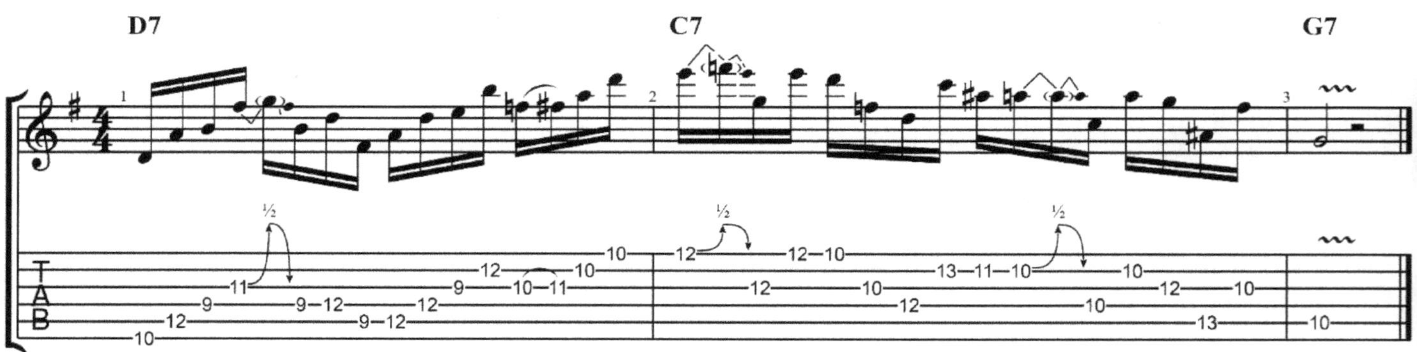

Hier ist ein weiteres Lick, das es dir ermöglicht, sowohl beim D7- als auch beim C7-Akkord in einer Position zu bleiben (denn es ist *so* verlockend, ein Lick zu spielen und es einfach eine ganze Stufe tiefer zu wiederholen. Diese Idee hat ihre Berechtigung, aber man sollte sie nicht überstrapazieren).

Diese Linie enthält am Anfang einige Sweeps. Im ersten Takt beginne ich mit der 1-5-9-Form, mit dem D-Grundton auf der tiefen E-Saite im 10. Bund, während mein erster, zweiter und vierter Finger über dem ntsprechenden Bund schwebt. Die erste Note ist eine 1/8-Note, und die Triole besteht aus 1/16-Noten. Nach em Sweep der 1-5-9-Form sliden wir auf der G-Saite sofort vom 11. zum 9. Bund hinunter. Dies wird alles nit Abschlägen gespielt.

ie nächste Phrase ist ein gesweepter D-Dur-Dreiklang, der in einen Bend auf der hohen E-Saite übergeht. on dieser Position aus strecke ich mich, um eine vierstimmige Phrase zu spielen, die mit dem C auf der -Saite im 13. Bund beginnt. Diese bewegt sich zu einem G# (eine Durchgangsnote, die kurz andeutet, dass ie zugrunde liegende Harmonie D7#11 ist), das sich zu einem A auflöst (der 5 von D7). Man könnte es auch ls eine Bewegung von b5 nach 5 beschreiben. Dann endet die Phrase auf einem F# (der 3 von D7).

chauen wir uns kurz die ersten beiden Gruppen von vier Noten an, die den zweiten Takt über dem C7-Akkord inleiten.

ie Linie beginnt mit einem G (der 5 von C7), dann schiebt der Bend ein Bb einen Ganztonschritt nach oben um Grundton C. Das F, das auf der hohen E-Saite, 13. Bund, folgt, ist ungewöhnlich, da es die 11 des C7-kkords ist und einen schönen erweiterten Klang erzeugt. Das darauf folgende Bb ist die b7.

er zweite Teil dieser Phrase enthält die Noten E, D, A, G - die 3, 9, 6 und die 5.

s ist eine großartige Übung, ein Lick in einer offensichtlichen Position für einen Akkord zu spielen (z. B. ie zehnte Position für D7), dann aber für den nächsten Akkord (C7) in dieser Position zu *bleiben* und zu ehen, welche Akkordtöne man dort finden kann. In diesem Fall stellt sich heraus, dass mehrere grundlegende kkordtöne zugänglich sind, aber auch einige erweiterte und alterierte Töne.

Venn du einen Akkordwechsel vornehmen kannst, ohne die Position zu ändern, ist die Wahrscheinlichkeit roß, dass die daraus resultierende Phrase, die du spielst, eine gute Stimmführung hat.

egen Ende des Licks finden sich einige diatonische Quarten sowie ein paar kleinere Skalenbewegungen.

eispiel 7b - *Sweepy the 4th Dwarf*

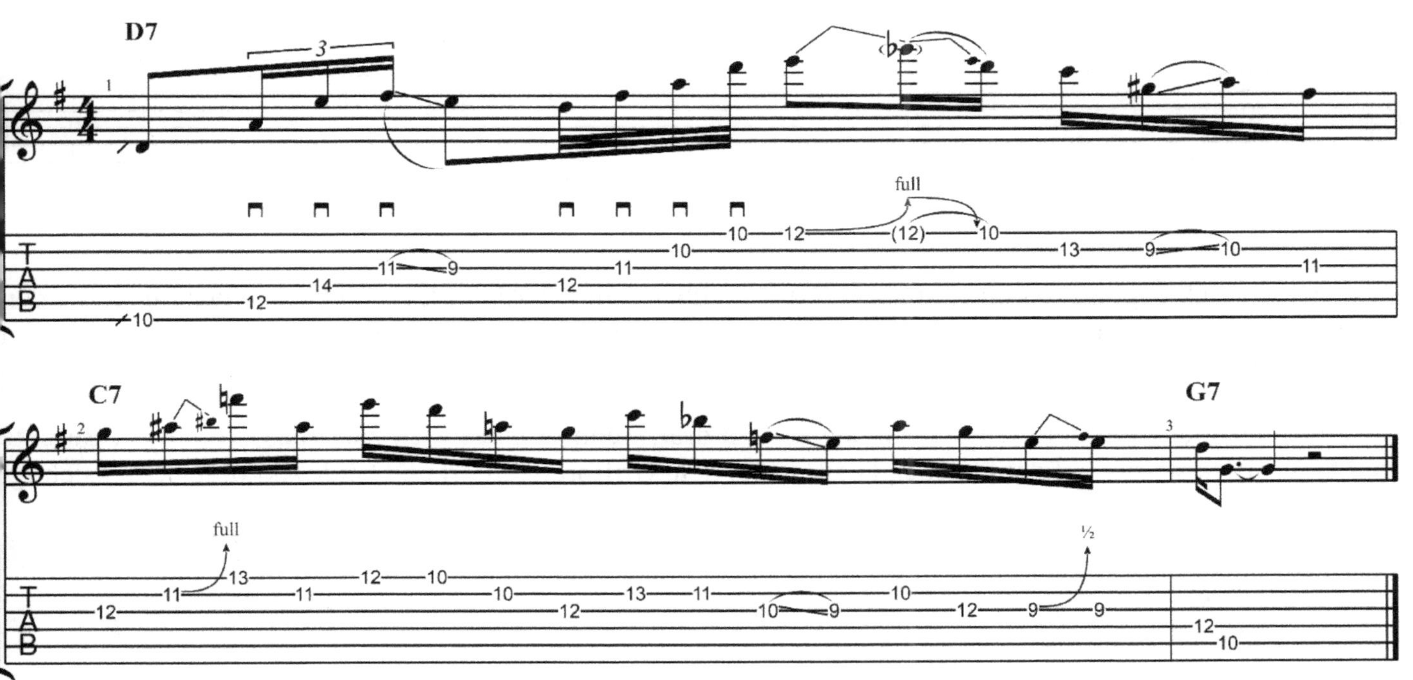

Das nächste Lick beginnt mit überwiegend diatonischen Sext-Intervallen über dem D7-Akkord in Takt eir (mit einer skrupellos eingestreuten 5). Anstatt die Tonleiter in Sexten von unten nach oben zu spielen, änder ich das Muster und bewege die Dinge ein wenig.

Selbst große Intervalle können vorhersehbar klingen, wenn man sie jedes Mal auf die gleiche Weise spiel Das ist zwar ideal, wenn man sie lernt und versucht, den Klang in den Gehörgängen zu verankern, aber in de Praxis klingt es viel musikalischer, wenn man etwas Abwechslung reinbringt. Das kann man leicht erreiche indem man das Muster umdreht oder Slides, Bends und andere Phrasierungen hinzufügt.

Eine andere Methode, die Dinge interessant zu halten, ist die Kombination von Intervallen, und wenn die Lini in Takt eins ihren Abschluss erreicht, kombiniere ich Sexten und Quinten.

Wenn die Linie über dem C7-Akkord in Takt zwei weitergeht, haben wir einige kleinere skalare Bewegunger die durch Ganz- und Halbtonschritte unterbrochen werden.

Beispiel 7c - *6 Shooter*

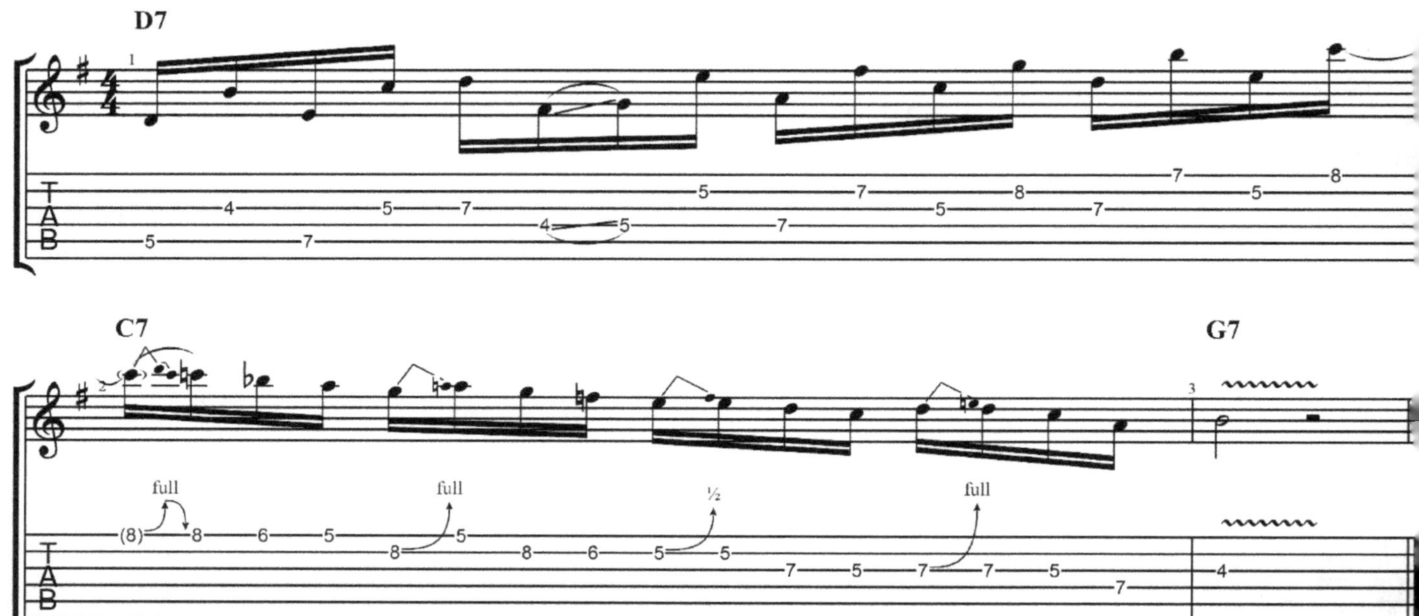

Das nächste Lick beginnt mit einer skalaren Passage über dem D7-Akkord, gefolgt von einer Linie, die den C7-Akkord viel Spannung verleiht, vor allem durch die Einbeziehung der dissonanten b5-Intervalle, die so gu über Dominant-Akkorden funktionieren.

Nach der Spannung kommt die Entspannung in Takt drei, wenn sich das Lick zur 3 des G7 auflöst. Beachte dass dieses Lick wieder auf der gleichen Position auf dem Griffbrett basiert und beide Akkorde berücksichtigt

Beispiel 7d – *Pay A Tension*

Zum Abschluss dieses Abschnitts gibt es ein Tapping-Lick. Es ist etwas schwieriger zu spielen, als es auf den ersten Blick klingt, da es einige Saitensprünge beinhaltet und ein Tapping mit dem vierten Finger erfordert, das einige Zeit in Anspruch nehmen kann, wenn man es nicht gewohnt ist.

Bei diesem Lick bleibt die Greifhand durchgehend in der fünften Position. Die Spielhand geht für die höheren Tapping-Parts bis in die siebzehnte Position. Wenn beide Hände auf diese Weise über den Hals verteilt sind, ergeben sich automatisch weite intervallische Sprünge, und das ist es, was wir anstreben.

Wie beim vorangegangenen Tapping-Lick solltest du den Daumen der Spielhand während des gesamten Spiels über dem Griffbrett ablegen. Er dient als Stütze, damit du den Hals und die Bünde präzise auf- und abgleiten kannst, und sorgt einfach für zusätzliche Stabilität.

Lass mich die Technik, die ich zum Tapping/Skipping einer Saite verwende, hier aufschlüsseln...

Im ersten Takt spielst du zunächst ein Hammer-On mit dem ersten Finger auf den 5. Bund der A-Saite und dann ein Hammer-On mit dem dritten Finger auf den 7. Bund. Als Nächstes tappst du mit dem ersten Finger der Spielhand am 17. Bund.

Springe nun mit der Greifhand über die fünfte Position der G-Saite und halte sie dort bereit.

Als Nächstes spielst du mit dem zweiten Finger auf der G-Saite im 17. Bund ein Tapping. (Wenn du deinen Daumen auf dem Griffbrett ruhen lässt, kannst du deine Hand in der richtigen Position schweben lassen und deine Stabilität beibehalten). Dein zweiter Finger dient nun als Plektrum. Drücke ihn beim Tapping nach unten zum Boden und von der Saite weg.

Nach der „gepickten" Tap-Note spielst du mit der Greifhand ein Pull-Off vom 7. zum 5. Bund.

Dies ist die Essenz der Technik, die für die Ausführung des gesamten Licks erforderlich ist. Es geht darum, die Hände zu koordinieren und reibungslos zusammenzuarbeiten zu lassen. Gehe die Bewegungen langsam durch, bis du das Zusammenspiel beider Hände im Muskelgedächtnis verankert hast.

Beispiel 7e - *12 Foot Spread*

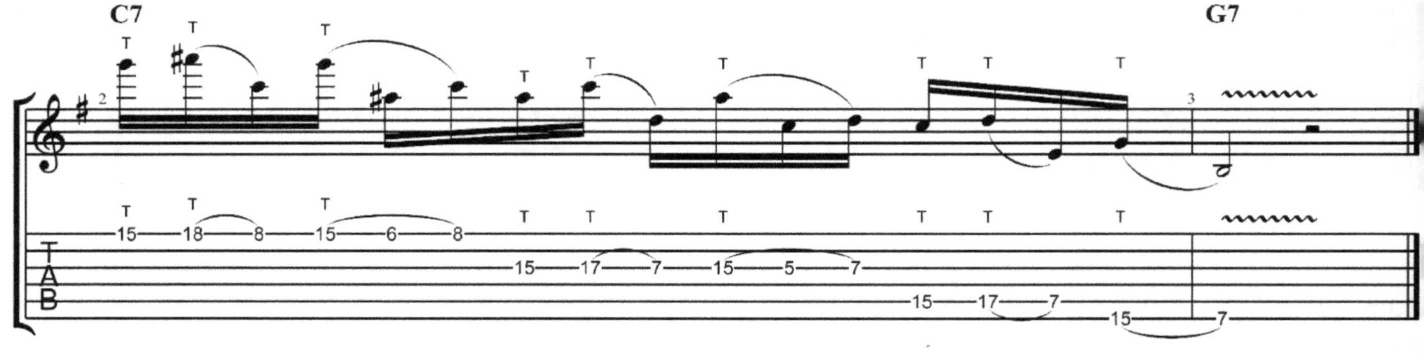

Kapitel Acht - Alterierte Dominant-Licks

In diesem letzten Kapitel möchte ich einige der Lick-Vokabeln vorstellen, die ich bei alterierten Dominantakkorden verwende, die mindestens eine, manchmal aber auch mehrere Alterationen eines Sept-Grundakkordes aufweisen.

Oft sieht man auf einem Chordsheet einen unergründlichen Akkord wie den in Beispiel 8a (E7b9#5) und denkt: „Was zum Teufel soll ich darüber spielen?“

Ein Ansatz besteht darin, alle Akkordtöne eines Standard-E7-Akkords zu kennen und sich vorzustellen, wie man einem E7-Arpeggio Spannungstöne hinzufügt.

Ein E7-Akkord enthält die Noten E, G#, B, D

Wenn wir dann zum Beispiel ein F in unser Arpeggio-Muster einbauen, erzeugen wir einen E7b9-Klang.

Dieser Ansatz kann für manche Leute gut funktionieren, aber er kann auch schnell kompliziert werden, und je mehr man über das, was man spielt, nachdenken muss, desto weniger musikalisch wird es klingen.

Es gibt drei weitere Strategien, die ich gerne verwende, die einfacher anzuwenden sind und die gleichen Ergebnisse bringen.

1. Verwendung der Ganztonleiter. Wenn du die Ganztonleiter über einem alterierten Dominantakkord spielst, kommen alle diese alterierten Spannungsnoten natürlicherweise zum Vorschein. Wie das geht, werden wir gleich sehen. Dies ist mein wichtigster Ansatz, und die meisten Licks in diesem Kapitel verwenden ihn.

2. Ein zweiter Ansatz besteht darin, Skalen, die sich auf das tonale Zentrum beziehen, zu mischen und zu kombinieren. Über E7 könnte ich zum Beispiel E-Mixolydisch, die E-Moll-Pentatonik und die E-Dur-Tonleiter mischen und miteinander kombinieren. Diese Skalen haben eine Reihe von Noten gemeinsam, aber sie unterscheiden sich auch, und diese Unterschiede suggerieren bestimmte Spannungen über einem E7-Akkord.

3. Schließlich habe ich bereits erwähnt, dass ich ein Fan davon bin, Formen auf dem Griffbrett zu verschieben und zu sehen, was das Ergebnis ist. Ich verwende auch die einfache Technik des Side-Stepping, um alterierte Spannungen zu erzeugen, d. h. ich spiele eine Form, die aus diatonischen Noten besteht und verschiebe sie um einen Halbton nach oben oder unten. Die Ergebnisse können überraschend sein.

Bevor wir einige Licks erforschen, sollten wir uns mit der E-Ganztonskala vertraut machen.

Über die Ganztonleiter

Die Ganztonleiter ist eine *hexatonische Skala*, das heißt, sie hat nur sechs Töne pro Oktave. Der Name der Skala erklärt genau, was sie ist - eine Reihe von Tönen, die jeweils einen *Ganzton* (zwei Bünde) auseinander liegen.

Sie wurde in der Rockgitarre, aber auch in der klassischen Musik und im Jazz verwendet (insbesondere von Musikern wie John Coltrane, Wayne Shorter und McCoy Tyner). Aufgrund ihrer ganz und gar ganzschrittigen Konstruktion ist sie eine großartige Skala, um Spannung zu erzeugen, da sie nie so klingt, als würde sie sich auflösen.

Wir spielen die Ganztonleiter in E über dem E7alt-Akkord-Vamp.

Die E-Ganztonleiter enthält die Noten: E, F#, G#, A#, C, D

Das Tolle an einer alterierten Tonleiter ist, dass sie einen Großteil der harten Arbeit für dich übernimm Über einem geraden E7-Akkord gespielt, erzeugen die Noten der E-Ganztonleiter automatisch die folgende Spannungen:

E	F#	G#	A# / Bb	C	D
Grundton	9	3	#11 / b5	#5	b7

Werfen wir nun einen Blick auf die Formen mit Grundton auf der A- und E-Saite für das Spielen de E-Ganztonleiter.

Aufgrund der einzigartigen Konstruktion der Ganztonleiter fällt sie als eine Kombination aus zwei und dre Noten pro Saite auf das Griffbrett.

Hier ist zunächst das Muster mit Grundton auf der A-Saite, das auf der siebten Position basiert. Ich habe di Töne der Tonleiter auf der tiefen E-Saite als hohle Noten hinzugefügt, um das Muster zu vervollständigen aber lerne die Tonleiter vom Grundton aus.

E Whole Tone scale

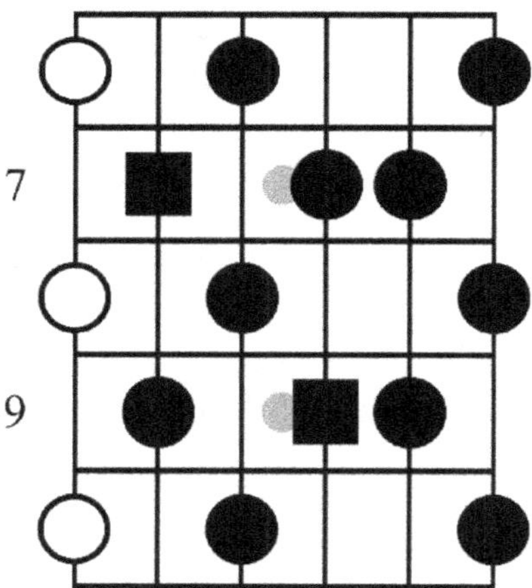

Und hier ist das Muster mit Grundton auf der E-Saite in der zwölften Lage. Du kannst dies natürlich auch in der unteren Lage spielen, indem du die offenen Saiten mit einbeziehst.

E Whole Tone scale

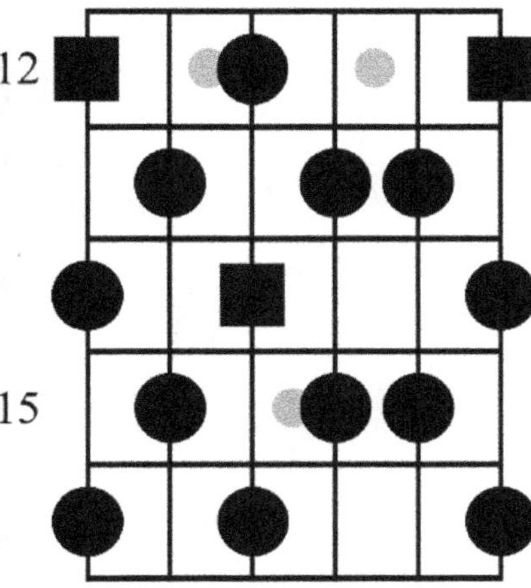

Wenn du möchtest, kannst du die Form mit Grundton auf der E-Saite auch auf diese Weise spielen, indem du mit zwei Noten auf der tiefen E-Saite beginnst, anstatt mit drei.

E Whole Tone scale

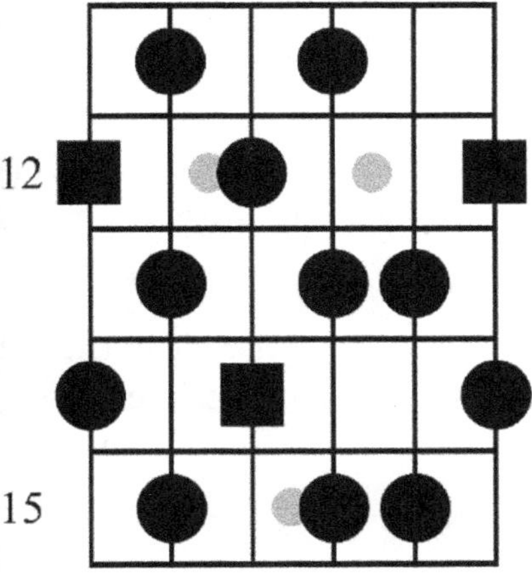

Übe diese Formen in deinen Übungsstunden, um sie in die Finger zu bekommen. Es ist schwer, sich beim Spielen der Ganztonleiter zu verirren, denn die nächste Note ist immer einen Ganztonschritt entfernt! Der schwierige Teil ist, es musikalisch klingen zu lassen, aber das kann man mit ein bisschen Übung erreichen und wunderbare Ergebnisse erzielen.

Kommen wir nun zu den Licks.

Dieses erste Lick basiert auf der E-Ganzton-Skala, aber mit ein paar zusätzlichen Durchgangstönen, die die Spannung weiter erhöhen.

Ich füge ein F hinzu, das einen E7b9-Klang impliziert, und es gibt auch ein D#, das eingestreut wird. Letzteres ist die große 7 (und nicht die b7 von E7), aber hier betrachte ich es nur als chromatische Annäherungsnote, die zum folgenden E führt.

Beachte, dass du nicht warten musst, bis du ein Chordsheet siehts, auf dem genau dieser Akkord notiert ist, bevor du dieses Lick verwendest. Du kannst ihn über einen geraden E7-Akkord spielen, um Spannung zu erzeugen. Wenn du das tust, achte allerdings darauf, dass du die Spannung wieder auflöst, sonst werden die Leute lachen und mit dem Finger auf dich zeigen - und das ist nicht gut!

Beispiel 8a – *Stairs of Escher*

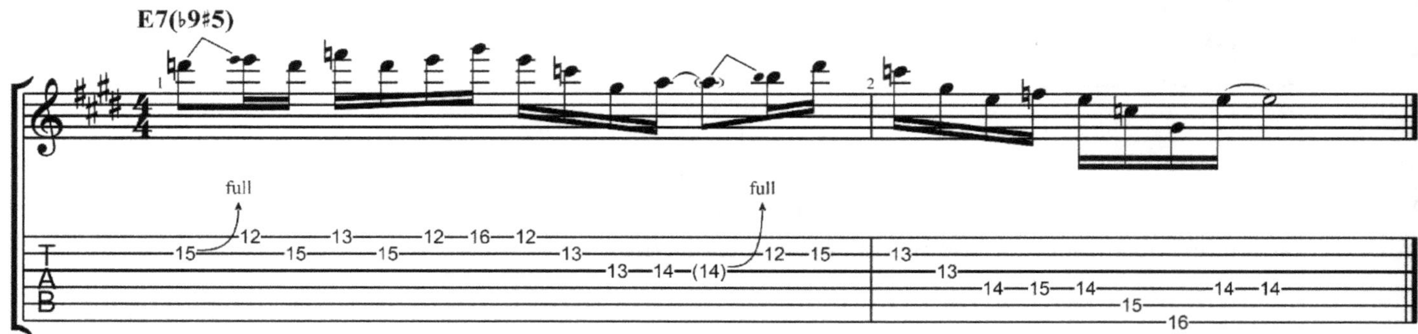

Das nächste Lick ist ein Beispiel dafür, wie das Verschieben einer einfachen Form (Side-Stepping) effektiv funktionieren kann, um Spannung zu erzeugen.

Zu Beginn dieses Licks spiele ich eine Bewegung vom Grundton zur 3 und 6 mit den Noten der E-Dur-Tonleiter (E, G#, C#). Dann gehe ich einen halben Schritt nach oben und spiele das gleiche Muster, aber in umgekehrter Reihenfolge.

In Bezug auf den E7-Akkord sind die verschobenen Noten (D, A, F) die b7, 11 und b9. Der Seitschritt hat ziemlich gut funktioniert! Vielleicht klappt es nicht immer, aber es lohnt sich, mit dieser Idee zu experimentieren, um aus einfachen Mustern neue Klänge zu erzeugen.

Der nächste Teil des Licks ist ein einfacher E-Dur-Dreiklang mit der 5 als tiefster Note.

Als Nächstes springe ich über eine Saite und spiele ähnliche Noten wie bei der zuvor gespielten Phrase. Hier sind es F (b9), A (11) und B (5). Das Ergebnis dieser kleinen Form über dem E-Groove ist ein Esusb9-Sound.

Am Ende bende ich die b7 um eine kleine Terz nach oben, um die b9 zu erreichen, und bende dieselbe Note schließlich um einen ganzen Schritt zurück, um zum Grundton aufzulösen.

Dieses Lick erzeugt den Gesamtklang eines E7b9#5, wenn es über einen E7-Akkord gespielt wird.

Beispiel 8b – *Fall Down*

Das nächste Lick habe ich *Purple Maze* genannt, weil es mich an Jimi Hendrix erinnert, der ein Synonym für diesen Dominant-7#9-Sound ist, vor allem in dem Stück *Purple Haze*.

Hier verwende ich eine Strategie der Kombination von Skalen, die auf dem tonalen Zentrum basieren. Ich verwende die Ideen der E-Moll-Pentatonik und der mixolydischen Tonleiter in E. Das Ergebnis ist, dass das Lick sowohl kleine als auch große Terzen enthält und uns die Moll/Dur-Kombination liefert, die so oft im Blues zu finden ist.

Das Ziel dieses Licks war es, einige reine Quart-Intervalle einzubeziehen und mit der #9 des E7-Akkords zu enden.

Beispiel 8c – *Purple Maze*

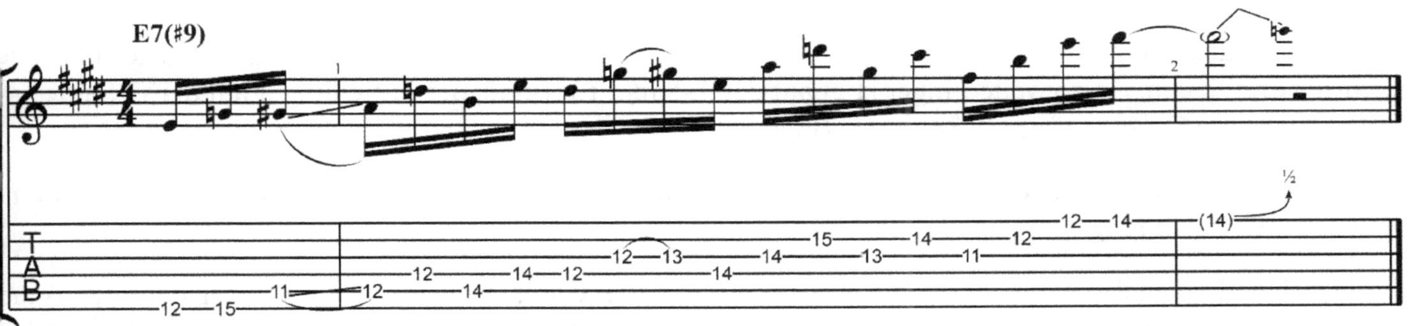

Für das nächste Lick kehren wir zur Ganztonskala zurück.

Wenn wir die E-Ganztonskala über einem E7-Akkord spielen, können wir leicht auf die Spannungstöne b5 und #5 zugreifen. Ein Vorteil dieser Skala ist, dass sie komplett in Ganztonschritten organisiert ist, so dass man einen Ganztonbend auf einem beliebigen Skalenton spielen kann und automatisch auf einem anderen Skalenton landet. Bei diesem Lick handelt es sich also um eine absteigende Idee, in die mehrere Ganztonbends eingestreut sind.

Im ersten Takt beginne ich mit einem Ganztonbend auf der ersten Saite, gefolgt von einem weiteren au der zweiten Saite. Dann folgen einige Saitensprünge mit Sext-Intervallen, ein weiterer Ganzton-Bend, dan weitere Sexten.

Von dort aus gehe ich die Ganztonleiter hinunter und lande auf dem Grundton.

Beispiel 8d - *Wholey Moley*

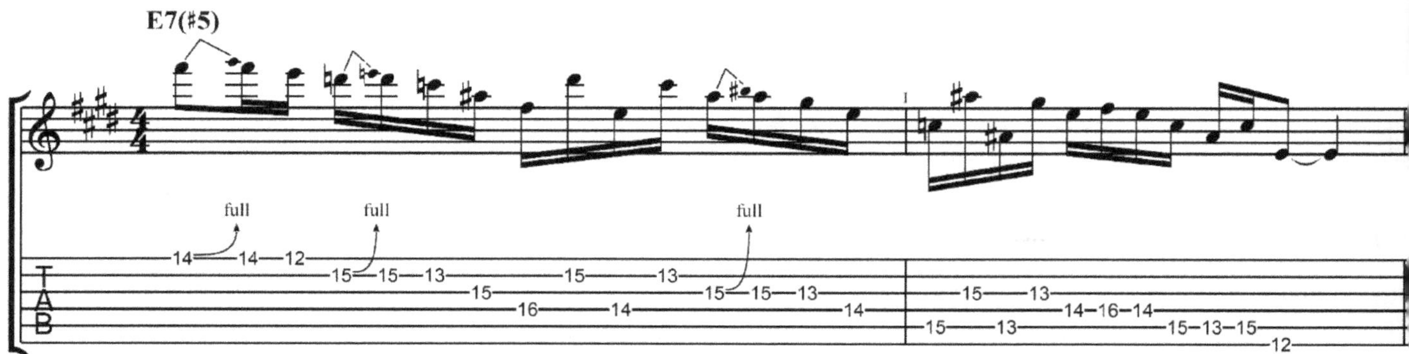

Hier ist ein Beispiel für die Verwendung der Ganztonleiter in einem Tapping-Lick. Ich konzentriere mich be diesem Stück auf das Spielen von b5-Intervallen mit beiden Händen, so dass es eine ziemlich angespann klingende Linie ist.

Wenn du bisher noch nicht viel getappt hast, wirst du es vielleicht schwierig finden, die Taps deiner Spielhan zu kontrollieren, da du dafür mehrere Finger brauchst. Aber keine Angst, ich zeige dir, wie du es angehe kannst!

Greife zunächst das E am 12. Bund der tiefen E-Saite mit dem Zeigefinger.

Weise nun jedem Finger einen Bund zu und bilde mit den anderen Fingern ein diagonales Muster über di nächsten drei Saiten. (Der zweite Finger liegt auf der A-Saite, 13. Bund; der dritte Finger auf der D-Saite, 14 Bund; der vierte Finger auf der G-Saite, 15. Bund.)

Dies ist die Form, die deine Greifhand während des gesamten Licks beibehalten wird, und das sind die Saiten Noten, denen deine Finger zugeordnet sind.

Die Spielhand spiegelt *genau dieselbe Form* wider, beginnend mit dem ersten Finger, der dem 18. Bund zugewiesen ist. Du wirst alle vier Finger der Spielhand verwenden, was bedeutet, dass der vierte Finger den 21. Bund der dritten Saite anschlägt.

Die Spielhand spielt im oberen Register der Gitarre, wo die Bünde näher beieinander liegen, daher ist die Genauigkeit des Anschlags wichtig, um einen guten Klang zu erreichen. Hier gibt es viel zu tun, also nimm di etwas Zeit, um deine Handkoordination zu üben.

Denke daran, dass dein Daumen oben auf dem Griffbrett ruht, um Stabilität und Genauigkeit zu gewährleisten.

Beispiel 8e – *Whole Tone Jones*

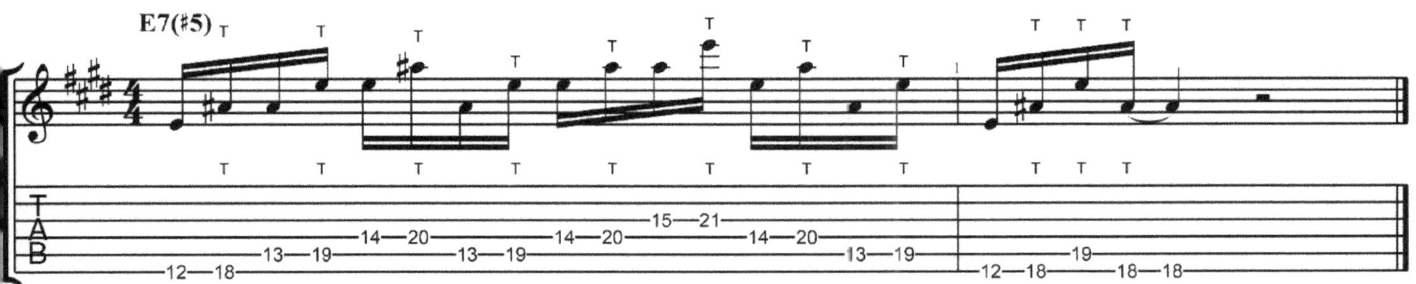

Hier ist ein weiteres Ganzton-Tapping Lick- dieses Mal ist es eine kaskadierende Linie, bei der die Noten in Sechser-Gruppen angeordnet sind.

Hier verwende ich den ersten und dritten Finger der Greifhand für die tieferen Töne und die gleichen Finger der Spielhand für die höheren Töne.

Auch hier benutze ich den ersten Finger der Spielhand wie ein Plektrum, um die erste Note im Auftakt zu spielen.

Das Lick besteht ausschließlich aus Ganztonschritten. Nach den beiden Lead-in-Noten im Pickup-Takt geht es darum, in Sechser-Gruppen abzusteigen und den kaskadenartigen Schwung beizubehalten.

Beachte, dass die letzte Note jeder Sechser-Gruppe immer auf die nächsttiefere Saite fällt. Übe dieses Lick, indem du zunächst jede Sechser-Gruppe isolierst und wie eine einzelne Phrase behandelst und dann alle Phrasen am Ende miteinander verbindest.

Beispiel 8f – *Fresh Air*

Zum Abschluss folgt eine weitere absteigende Ganztonlinie, die ein paar Ganztonbends enthält.

Für den ersten Bend verwende ich einen Abschlag, um den Bend zu beginnen, dann nochmal abwärts, wenn er losgelassen wird, gefolgt von einem Aufschlag. Dieses Picking-Muster wird auf der benachbarten Saite wiederholt, während die Linie absteigt. Auf der dritten Saite musst du das Muster jedoch umkehren und *auf-ab-auf* spielen, aufgrund der Lage dieser Phrase im Takt.

Dann gibt es eine kurze Sequenz von drei Ganztonschritten, die eine b5 unterhalb wiederholt wird. Ich beende die Linie auf der 3 von E7, nachdem ich diesen Ton um einen Ganztonschritt nach oben gebendet und losgelassen habe.

Über einem E7 ergibt diese Linie sowohl den b5- als auch den #5-Sound. Dieses Lick funktioniert auch gut auf dem V-Akkord eines Blues-Turnarounds.

Beispiel 8g – *Prince of Wholes*

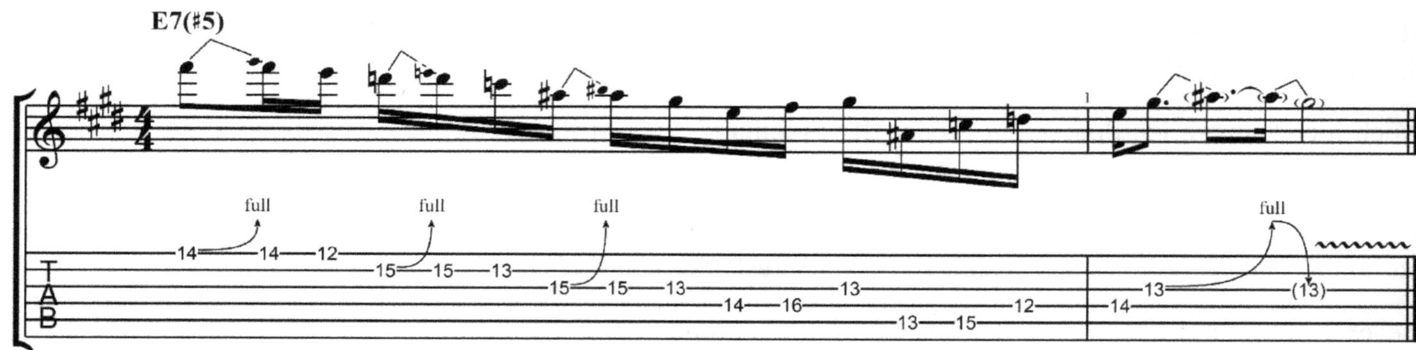

Fazit

ielen Dank, dass du dich durch diese Sammlung von intervallischen Licks gearbeitet hast. Ich hoffe, du onntest viel von dem hier enthaltenen Material mitnehmen. Ich liebe es, Intervalle zu verwenden, um von den orhersehbaren Sachen wegzukommen, in die wir alle manchmal verfallen können. Intervallisch zu denken, tatt skalisch, kann eine ganze Reihe neuer Ideen eröffnen und dich als Spieler weiterbringen.

Jm diese Ideen für dich selbst weiterzuentwickeln, solltest du dir Zeit für einige Intervallübungen in deinen Jbungsstunden nehmen. Du kannst dich dabei auf die Übungen am Anfang jedes Kapitels beziehen, die dich urch Skalen in verschiedenen Intervallen führen, oder du kannst deine eigenen erfinden.

)as Wichtigste ist, dass du den Klang jedes Intervalls in deinen Ohren verankerst und daran arbeitest, sie auf em Griffbrett zu visualisieren. Auf diese Weise wirst du auf natürliche Weise anfangen, mehr intervallische inien zu spielen und sie werden zum Teil deines einzigartigen Sounds werden.

Jnd vergiss nicht, Spaß dabei zu haben!

Venn du mehr darüber erfahren möchtest, was ich derzeit mache, schau doch mal bei **www.jenniferbatten.om** vorbei.

ennifer.

www.ingramcontent.com/pod-product-compliance
Lightning Source LLC
Chambersburg PA
CBHW081439090426
42740CB00017B/3364